U0011658

急不來時，你可以按一下暫停鍵

朱成玉 著

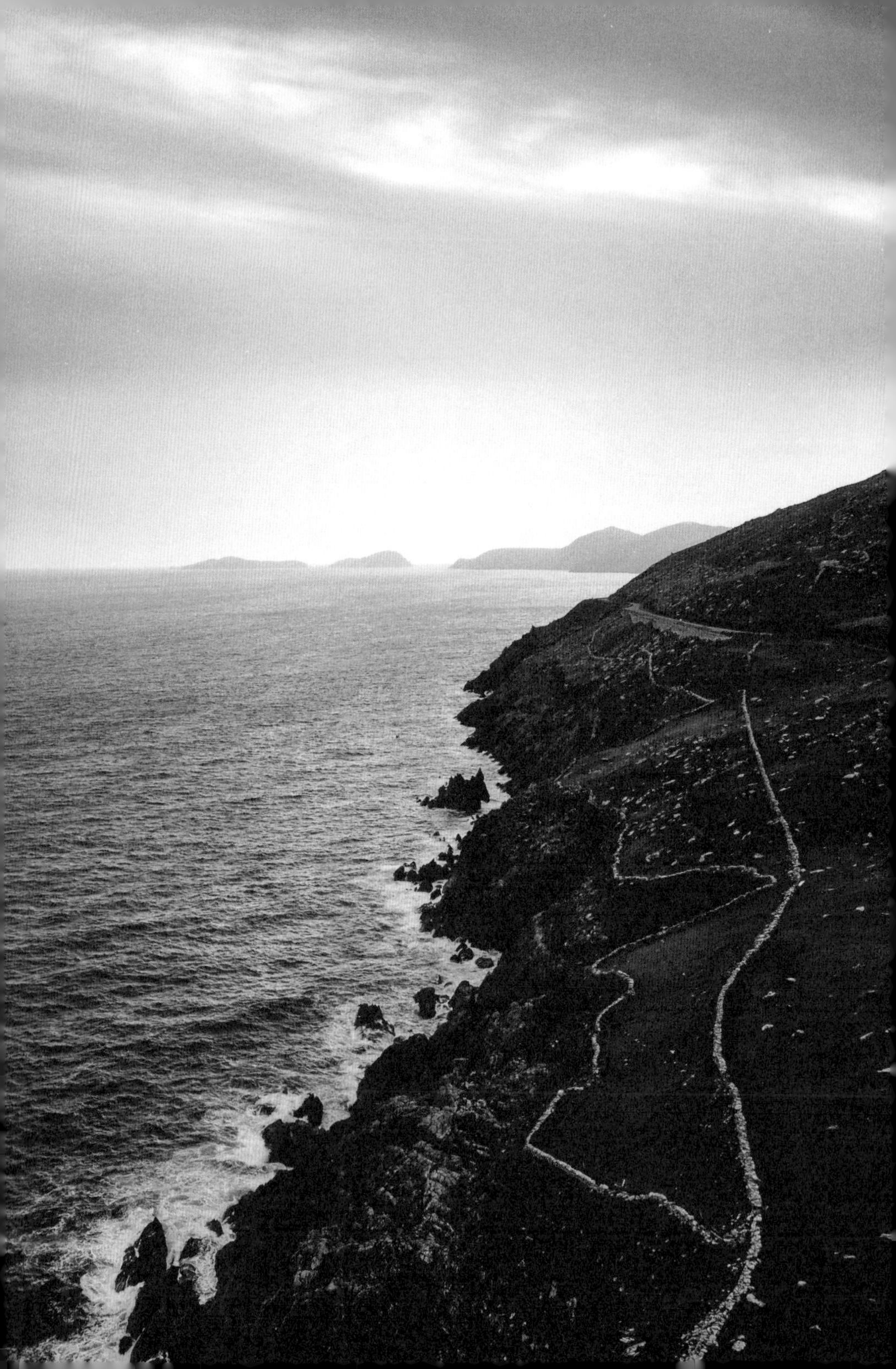

「到愛爾蘭最棒的旅行方法，最好還是租車子，

以自己的腳步慢慢悠閒地在鄉間旅行。

盡可能選在淡季最好。

一天行進的距離也盡可能短比較好。

最好不要這裡也想去那裡也想去，不要太貪心。

有喜歡的地方，就在那裡停下來，

最好能有什麼都不做地發呆好幾個小時的

奢侈步調。」

——村上春樹《如果我們的語言是威士忌》——

前言——等待更適合自己的那陣風吹來，便能展翅高飛

現代人的生活節奏越來越快，沒有了以前那種慢節奏和舒適感。而且總感覺現代人沒有了以前的那種心平氣和，身上多了浮躁，內心便多了一些焦慮。

之所以這麼焦慮，首先是由於壓力造成的。很多人無論是在工作還是生活中都有巨大的壓力。在工作中事事不順心，比如有小人作梗或是上司看自己不順眼，生活中可能還不被家人理解，一回到家就吵架，這些都是導致焦慮的原因。遇到這些問題的時候，人的內心都是焦慮的，難以及時找到問題的解決方案。

其次，心境已經改變。上一輩的人吃苦耐勞，即使面對困難也會平心靜氣地解決；但是現在的年輕人因爲幼時環境優渥，時常遇到問題就不知所措，甚至抱怨連連。再者，是無人訴說。年輕人總感覺身邊的朋友似乎很多，但當自己傷心難過時，卻找不到一個眞正

可以傾訴的人。因爲不想讓別人看到自己的窘迫，也總覺得把自己的窘迫告訴別人，別人會笑話自己。

但是以前的人內心較爲單純，不會考慮太多。感到傷心難過就跟鄰居訴說，遇到難題也肯找朋友幫忙解決。

現代人因焦慮而產生的不良情緒越來越多，比如沒耐心、易怒、心理脆弱等，時間久了人就很容易走到憂鬱的邊緣，這是很可怕的。

越來越多的人無法靜下心來度過休息的時間，只能在不斷找一些瑣碎的事情和處理日常的雜事中度過，缺乏安全感，缺乏滿足感，就像不斷進食卻無法滿足，只能用牙齒不斷撕咬著食物，彷彿這樣做是把焦慮狠狠吞下肚，焦慮就會消失殆盡，實際上只會讓焦慮在空虛之後更徹底地爆發。

你還記得上一次靜下心來好好欣賞風景，完整閱讀一本小說，或是完成一件手工製品，是什麼時候嗎？

有時候，我們眞的需要坐下來好好想想。生活在世界上會遇到各種事情，要學會積累各種經驗，在不斷積累的過程之中，認眞地挖掘、反思、探索、鑽研生活。

不要受困在他人或社會對你的期望之中，那不是我們所要的。不要妄自菲薄，每個人都有自己的優點和缺點，每個人都是獨一無二的個體。永遠不要覺得自己笨，和那些高飛的鳥比起來，我們不過是慢飛了那麼幾秒鐘而已，我們只是在等待更適合自己的那陣風吹來！

眞的，**不是我們沒有飛翔，只是在等待那陣風。**

每個人都有權選擇自己的生活方式，我們要養成一種平和自由的心態，能夠對自己不了解的東西給予寬容，能夠對自己不贊同的觀點給予理解，能夠對自己不喜歡的事情給予尊重。

你可以不具備製造光亮的能力，但請務必保有一顆接納光亮的心。

多聽聽音樂，多養養花草，多給自己創造一些唯美浪漫的氛圍。這樣其實就是一種修煉。告別低級趣味，遠離垃圾人，讓自身變得優雅……要懂得去滋養呵護你的靈魂，不要讓它離生活太遠，卻也不能讓它離世俗太近！

要做到自我抽離。白天審視世界，夜裡寵愛內心。

心底的純淨和現實有時衝突，就會處在糾結中，內心會常常打架。現實是沙粒，純淨的心就猶如蚌肉，只有它們「相愛相殺」，才能磨礪出思想的珍珠。

世界沒有恆定不變的美好，需要你不斷地去包容。或者說，美好是善良的人親手創造出來的。

心大了，格局大了，就會包容世界的不堪。

磨礪永遠是痛的，但是無論是成爲珍珠，還是化繭成蝶，又有哪一個美麗的蛻變是不痛的呢？

痛是補鈣的良方，不論植物還是人生。

痛是推著我們前行的風，比如小人們給我們扔過來多少石頭，我們就都把它們踏在腳下，當成墊腳石。比如別人潑過來的冷水，我們就要努力讓那水沸騰。

「此心安處是吾鄉。」願你們可以從這本書中尋找到屬於你們的心靈故鄉。

目次

Chapter 6 看法：你看這個世界的角度，決定了這個世界給你的溫度

Chapter 7 幸福：對未來的眞正慷慨，是把一切獻給現在

Chapter 1

學會：你往前走，苦才會往後退

那些想改變命運的人，

是不會把寶貴時間浪費在傷心難過痛苦上。

他們會立即奮起反抗。

——基督山伯爵《基督山恩仇記》——

小彤家的孩子身高超過了一百二十公分，照理來說早就該買票了，可是她爲了省錢，總是讓孩子偷偷往下蹲一點點，藉此逃很多次檢票。

小彤沾沾自喜，可是久而久之，孩子總覺得自己矮人一等，頭總是不自覺地低著。從此，小彤的孩子變得自卑、自閉，學業無成，靠打零工爲生，快四十歲了連個對象都沒有。

看似省了幾次車票錢，**卻讓孩子起步的時候，就輸掉了活著的氣質**。

知名作家周國平說：「茫茫宇宙間，每個人都只有一次生命，都是一個獨一無二、不可重複的存在。名聲、財產、地位等是身外之物，人人可求而得之，但是沒有人能夠代替你再活一次。意識到了這一點，你就會明白，在如何活的問題上，你必須自己做主，盲從輿論和習俗是最大的不負責任。在人世間的一切責任中，最根本的責任是**對你自己的人生負責，眞正成爲你自己，活出你獨特的個性和價值來**。」

電影《阿甘正傳》中。

有人問阿甘：「你以後想成爲什麼樣的人？」

阿甘說：「什麼意思？難道以後就不能成爲我自己了嗎？」

阿甘的回答，讓多少人汗顏。

成爲我自己，這多麼堅定！

淑儀前幾天和我提起一件事。

她們同學畢業二十年聚會，大家談起班級裡最貧困的兩個人，他們在同學中的待遇完全不同。

其中一個是李同學，他走到哪裡，那些發達了的同學都願意拉他一把，有什麼好工作都先想到他。就因爲他雖然遭遇過很多不幸，但是一直都很努力地生活，從來感覺不到他低人一等，他不卑不亢的性格也令同學們肅然起敬。

另外一個是王同學，他家的條件明明可以更好一些，可是他不思進取，沈溺賭博，全部輸了精光。老婆孩子怨他，他自己也索性放棄，邋遢著，懶惰著，每天喝得酩酊大醉，醉了就痛哭流涕，覺得對不起老婆孩子，可是懺悔只停留在嘴上，沒看過他有半點行動。

有個同學生意做得很大，很有能力，就幫李同學在附近的工廠找了一份工作，做個小頭頭。李同學在一番感謝後，他也沒拒絕，他覺得自己一定要把工作做好，不能辜負了同學的一片好意。

王同學則是沒人願意去理他，沒了賭資，無事可做，他就去找李同學。李同學礙於情面，只好讓他留下，盡量找一些輕鬆點的工作讓他做。因爲同學關係，本該相互照應好好工作，可是在無意間的言談中，李同學了解到，王同學來工廠工作有點動機不純，他的目的是有一天能死在這個工廠井下，好獲得一筆賠償給老婆孩子。

李同學說：「我們同學把我們安排到這裡，我們就得使勁做好，對得起我們同學，我們不能人前人後兩個樣子。你這想法本身就不對，所以我不能留你在這裡工作了。你死在這裡，我這輩子心都不安。我不能對不起我們的同學，他信任我，讓我管理，但我不能給他找個大麻煩進來。」

貧窮不怕，怕的是你的心也跟著貧窮了。

都是貧窮，王同學彎著腰，矮了，可是李同學卻一直挺著腰身，有氣質地活著。個子矮小，並不影響你的偉岸。**人生很短，但你可以把影子伸得很長。**爲他人留下珍貴的記憶，在他人心中點燃一把火，都是你在這個塵世積下的大美的德行。

等待 NOTE

每一個人都是獨一無二，不用去羨慕別人的順遂，也不用去看現在不如意的人，我們無須和任何人比較。和那些高飛的鳥比起來，我們不過是慢飛了那麼幾秒鐘而已。我們只是在等待更適合自己的那陣風吹來！

學會02

人生中有太多美好的事情，是沒有後來的

我有一個喜歡旅遊的朋友。他從不跟著旅行團走，認爲那是種被迫地走，讓人心裡很不舒服。他喜歡自由自在，在哪個風景前多流連一會兒，自己說了算。尤其是，他喜歡迷路的感覺。他說，他常常不按照導遊推薦的線路走，常常偏離主路，所以時常會迷路。他認爲，最美的風景往往是在迷路中遇到的。有一次他去荷蘭，沒有按常規推薦路線沿海岸線走，而是縱穿了特塞爾島（Texel）。結果他看見了大片大片的鬱金香花田和農戶家農場裡的像小棉團一樣的羊群。回來的時候，又走錯了路，竟然誤打誤撞闖進了小島上最茂密翠綠的樹林，這些都令他欣喜異常。計劃好的快樂，和誤打誤撞的驚喜，完全不是同一個層次的樂趣。

「**當你不再爲迷路而煩躁和沮喪，而是去享受它的時候，那你將收穫很多，也會更加**

享受其中的樂趣。」這是他的心得。看到他那副滿意的神情，我知道，他的內心又入駐了很多美景，而不是單純地靠數位相機來定格，也不是用「某某到此一游」來標榜的。

記得有一次，我叫了車去郊外散心，沒想到司機是個剛剛學會開車不久的年輕人。他有些靦腆，對郊區的道路也不熟，遇到岔路了就要問路邊的人下一條路該如何走。本來那天我的心情就不算太好，才想到去郊外呼吸一下新鮮空氣，沒想到他讓我的心越加煩躁。誇張的是，車已經開出去兩小時了，竟然還迷路開錯了方向。我終於惱怒了，他卻不急不惱，忽然指著路邊的一大叢茂密的花說：「看，多漂亮壯觀的花啊，不迷路的話可能就錯過了呢！」說罷，也不顧及我的感受，停了車，拿手機拍照。最後，還叫我幫他跟花拍一張。看著火一樣的花叢中他天眞無邪的笑臉，我不禁笑了，一顆被陰霾捆縛的心不知不覺間竟鬆綁，整個人輕鬆起來。我忽然領悟，這不就是自己來郊外的本意嗎？何必非要執著於它是否是一條「循規蹈矩」的路呢？

車子迷路，心卻一下子找到了方向。我知道，有雲朵在，有陽光在，有花在，有清風在，我便永遠不會迷路。

等待 NOTE

人生的路上，偶爾迷路，也好。**因爲迷路，才能領略平時看不到的風景。**「你不會找到路，除非你敢於迷路。」所以，不妨給你的人生增加一些驚喜的「迷途」吧。

學會03

你對生活過於吹毛求疵，生活一定會反過來跟你斤斤計較

我接觸過一個案子，一個人住旅館時被蚊子叮了，然後過敏，繼而感染，進了醫院，花了三千多塊。那人越想越火大，一氣之下，把旅館老闆告上了法庭。他的理由是：我住在旅館，就有不被蚊子侵犯的權利，旅館裡有蚊子，那就表示旅館沒有做好衛生工作，就是旅館的過錯，理應賠償。

旅館老闆當然不肯掏錢的，因爲他從來沒聽說過這種新鮮事。那人卻不肯罷休，發誓要一告到底。法院調解無果，最後沒辦法，只好任憑法庭來宣判。

在打官司的過程中，他丟了工作，妻子也離他而去。

他這麼做，本身也並沒有什麼不妥，畢竟每個人都想維護自己的合法權益，可關鍵是，

那家旅館的老闆是個殘疾人，靠政府的支持勉強開了這麼一個小旅館，這讓我不免將同情的砝碼加到了小旅館老闆身上，而把這位被蚊子咬到的人定義爲「斤斤計較者」。

一隻小小的蚊子，憑空給他們增添了多少煩惱和負擔！

生活中斤斤計較的人並不少見，他們買東西要算計到一塊兩塊錢，與人交往在意自己是否吃虧上當，一旦有人得罪了自己，他們絕不會忍氣吞聲，非要爭辯出個是非曲直不可。**他們不但計較自己得到了什麼，更計較自己失去了什麼，可是直到最後他們也沒有比別人多得。**

美國心理學家威廉（Willam James）總結說：「**愛計較的人常常陷在對一事一物的糾纏裡，一般都會引起焦慮症。愛計較的人在生活中常常對人對事充滿不滿情緒，與人鬧意見，分歧不斷，內心充滿了衝突。**」愛計較的人，心胸常被堵塞，日積月累便是憂患，處於憂患中的人怎麼會有好日子過？太愛計較的人也是太想得到的人，往往很難輕鬆地生活。還有，太愛計較的人必然是一個經常注重陰暗面的人，他總是處處擔心，事事設防，內心總是灰色的。

這樣的人自然沒有快樂，**因爲他們不懂得原諒**。

英語考了全班第一名，卻被英語老師嘲諷是作弊得來的；被好朋友一起嘲笑長得「寒酸」，不會有人喜歡；被同事排擠，平白無故替人背了黑鍋……世界尖銳得有些脫軌，怎麼看來也不會是明媚的記憶和令人欣喜的過往。但不原諒又該如何？我告訴自己，我並不是原諒了他們，而是**看清了這個世界的不完美**。

回到我前面說的那個關於蚊子的案子上來，最後，法院判決被蚊子咬的這個人勝訴了，他得到了賠償。只是，他雖然打贏了官司，丟失的東西卻更多。判決下來的那一刻，他並沒有更多的激動，而是痛哭了一場，他說如果可以讓他重新選擇，他會選擇寬容和淡忘。

他非常後悔，如果自己可以寬容一下，退一步，他也不至於失去工作，失去妻子，失去那麼多那麼多正常快樂的時光。

仔細想想，這只是一隻蚊子的勝利。蚊子不只是叮咬了他的身體，還叮咬了他的歲月。

如果你對生活過於吹毛求疵，那麼生活一定會反過跟你斤斤計較，給你重重的回擊。

我們生而破碎，用活著來修修補補

諾貝爾文學獎得主艾莉絲．孟若（Alice Munro）是個家庭主婦，人到中年才開始寫作，每天都寫，從未停下過。家裡有四個孩子，她一忙完孩子的事就去寫作。她說：「生活瑣碎，寫作也就是出口。我每天對自己的寫作有個定量，強迫自己完成。隨著年齡的增長，人們開始強迫自己做某些事情。配合寫作的是每天步行五公里。如果我知道有哪天我沒有辦法走那麼多，我必須在其他時間把它補回來。」

瑣碎，誰的人生不是如此呢？我見過一個頗有才情的男子，寫過很多才華橫溢的文章，我極爲欣賞，總是去他的部落格瀏覽。他的部落格裡不光有自己的文學作品，偶爾也會有一些生活中各種瑣碎的記錄，比如一些爭吵、怨懟，總之，很少有令人愉悅的記錄，字裡行間總是瀰漫著濃重的嘆息。看他的生活記錄，斷斷續續可以知道他的一些事，比如婚姻的不完美，有了孩子之後生活的窘迫，低情商導致的同事關係劍拔弩張，等等。忽然有一天，他的部落格不再更新了，首頁的第一篇文章停留在幾年前的夏天。我不知道他是否發生了什麼意外，但也隱隱感到，他終究還是因爲生活的瑣碎徹底被淹沒了。

年輕的時候坐公車，還是意氣風發的，因爲心裡會想，總有一天，我會有自己的高級轎車，再也不會在這裡擠一身臭汗。可是過了中年，再坐公車，就沒了底氣。看著對面駛過來的一輛同樣塞得滿滿的公車，也沒有了觀望的興致，剩下的只有唏噓。因爲，未來已經定型了。

醉酒之後，想起許多事，擦肩而過的緣分、稍縱即逝的機會，一個都不放過你。貴人難遇，小人卻像跳蚤，時而叮你後背，時而叮你指尖，你越撓越癢，卻苦於抓不住它。

一對本來挺要好的朋友，因爲一點小事，彼此記恨了多年，耗費了彼此的青春。

如果你在早上敲開鄰居的門，或許會發現他並不幸福。比如他吃著昨夜的剩菜，暖氣管漏水，滴滴答答淌了一地，他拆了東牆補西牆，生活被他經營得一團糟。原來，還有比你活得更一塌糊塗的人。

生活正一點點地使我們衰弱頹廢，可是我們要拿出心底的勇氣與它對抗！比如今夜，我要換個方式與自己相處。我準備了三種味道的奶茶：鹹味、甜味和蕎麥味。我想好好寵愛自己，三種奶茶，一樣一樣去品嘗。

學會05——沒有值不值得，只有願不願意

或許我們的時間被排得滿滿，或許你像個陀螺一樣，但總會有辦法給自己留下那麼一個詩情畫意的「縫隙」，比如買束花，比如掃掃灰塵，比如彈彈琴、寫寫字，比如買各種壁紙，給每個屋子換上不同的顏色，哪怕僅僅是爲了換換心情。從這些小事入手，看似沒有改變什麼，其實是在寵溺著我們那顆心。

俄國作家高爾基（社會主義者、政治活動家）說，一個人年輕的時候，對他來說，「庸俗」不過是一種有趣的或者無關緊要的東西，可是它逐漸把人包圍住，它那灰色的霧像毒藥或者炭氣一樣地侵入了他的腦子和血液，這樣一來他就變得像一塊起了鏽的舊招牌：那上面一定寫清楚是什麼行業，然而究竟是什麼呢，卻已經認不出來了。

小說家孫犁寫了《鐵木前傳》後挨批，非常憂鬱，痛苦異常，到了崩潰的邊緣。他在

散文《黃鸝》中寫道：「前幾年，終於病了。爲了療養，來到了多年嚮往的青島。春天，我移居到離海邊很近，只隔著一片楊樹林窪地的一幢小樓房裡。有很長的一段時間，我一個人住在這裡，清晨黃昏，我常常到那楊樹林裡散步。有一天，我發現有兩隻黃鸝飛來了。」於是，「觀賞黃鸝，竟成了我的一種日課」。

在另一篇散文《石子》中，他寫道：「在青島住了一年有餘，因爲不喜歡下棋打撲克，不會彈琴跳舞，不能讀書作文，唯一的消遣和愛好就是撿石子。」據和孫犁有交往的林斤瀾說，觀賞黃鸝治不好他，撿石子治不好他，最後治好他的是拆裝手錶！把手錶慢慢拆掉，又把手錶慢慢裝好。一遍又一遍，一日又一日，周而復始。

生活若失了樂趣，那生活便如同一潭死水，激不起半點漣漪。

孫犁不斷地在死寂的生活中尋找著樂趣，寵溺著那顆清雅的心，才有了堅強活下去的意志。日本文學家檀一雄是靠不停地做菜來擺脫瘋狂的。他的作家的朋友，太宰治投水了，坂口安吾服毒了，而檀一雄靠做菜來靜心，用給大家帶來歡樂的方式來遏制自己瘋狂的念頭得以壽終。正是因爲尋找到生活中的樂趣，才讓他的心靈一邊向上，一邊沈潛，得以一點一點地靠近天籟之境。

倔強地挑戰世俗，不肯落入那俗氣的泥潭，這就是我們保有清新的祕訣。

學會06

你往前走，苦才會往後退

在天涯論壇（中國社交平臺）看到過一則文章，有個年過八旬的老人，賣菜養家。每天早上，寒冬的街頭最低有零下十幾度，寒風當中不要說有其他擺攤的小販，就連路上的行人都少得可憐，而她就這樣執著地坐在路邊，等待偶爾來買上一兩塊錢菜的顧客。她一家四口人，大兒子有關節炎，沒辦法出去工作；二兒子是個聾啞人，在鄰鎮打些零工；還有一個毫無血緣關係、收養的小孫女正在上小學。雖然生活的重擔都壓在她一個老人身上，但她卻很樂觀，很坦然。不管是賣菜還是閒暇的時候，總能在她嘴裡聽到屬於她那個時代的故事。

她的小攤很乾淨，因爲她常常拿著一把掃帚，不停地打掃。她佝僂著腰，嘴裡含含糊糊地哼著不著邊際的曲調，辛酸和苦累就這樣被她遺落在腦後。

昏暗陰冷的地下室就是她的家。紙糊的窗子透著風，家裡只有斑駁的牆壁和歪倒的櫃子。十幾年蝸居在這裡，雖然日子過得很難，但是她從不願向別人張口。過了八旬高齡的她，常說的一句話就是：「我靠自己的雙手養活自己的家。」

她每天早上頂著寒風步行來回兩個小時去遠一點的菜場進更便宜的菜，然後在自己的小攤上等候少有的顧客，賺上一點差價。多年來，她最大的願望就是，有一家自己的菜店，可以繼續為兒子孫女出力。

這是一個多麼令人敬重而又讓人心疼的老人啊！

在我居住的社區，有一個類似的老人。每天早晨晨練的時候，我都會看到他在掃地。彼此雖然沒怎麼說過話，但經常見面，也算熟絡了，每次都會點下頭打個招呼，日復一日。

老人的臉上有一種如同海水浸泡過的堅韌，滿臉鬍子，說話時看不清是鬍子在動，還是嘴唇在動。

老人穿著很破舊，但在他的臉上卻看不到一點悲苦的神情。

那天，學校的廣播裡放著那首節奏感極強的軍歌，我看到他把手裡的掃帚當成了指揮棒，在那裡忘我地打起了拍子。我想，那天老人的家裡一定有什麼喜事吧，是兒子升官了吧，是孫子考試拿了第一了吧，是老伴的病終於治好了吧……不管是什麼原因，我都被他的快樂感染了。

和他比起來，其實更應該快樂的是我。我有好的工作，有車有房，但我為什麼高興不起來？每天穿梭在人群裡，為什麼總要以冷臉示人呢？歸根結底，**是因為那顆心被綁縛了太多的貪念，總想著更多，所以輕快不起來，無法自由自在地去飛**。

學會07——

真正高貴的靈魂，是自己尊敬自己

他是個不到二十歲的年輕人，一個文學愛好者，帶了厚厚的一大本他自己寫的文章，趕了很遠的路，就為了來拜訪我，希望能夠得到我的一些指點。

他和我說，他是存了好幾天，才存夠了來找我的車費，路上都不敢吃什麼東西，怕把回去的車費吃掉了。說到這兒，他羞怯地低下了頭。

我為這個虔誠於文學的年輕人感動著，拿毛巾給他，他一邊擦汗一邊羡慕地說：「你的工作眞好，竟然有這麼寬敞漂亮的辦公室！」

我說：「好好寫你的文章，你也會有這樣的辦公室的。」

我帶他去餐廳吃過飯後，他一再地掏出他口袋裡的一些零錢，對我說：「囊中羞澀，不好意思，第一次跟您見面卻什麼也沒帶，您不會見怪吧？」

我見過富人炫富，卻沒見過窮人曬窮。

「怎麼會呢？」我拍著他的肩膀，勸他不要想那麼多。

我看了他寫的那些文章，華麗有餘而力量不足，但總體來說文字基礎還是不錯的。如果堅持下去，定會有不小的收穫。我的褒獎顯然增添了他的自信，他說他一定會加倍努力，一定要寫出個名堂來。我給他留了電話號碼，告訴他有什麼事情可以隨時來找我。他接過我的名片，手有些抖，滿懷感激的樣子。

天有些晚了，我不停地看著手錶，暗示他應該走了，不然會趕不上回去的車。他大概也看出了我的擔心，說沒事，回去的車有的是，就是天黑了也有。然後，他就有些不好意思地說：「能不能再到你的食堂裡吃頓飯啊？那樣，在回去的路上我就可以不吃東西了。」

「當然可以啊。」我爽快地帶他去餐廳，讓他吃飽。然後又替他打了滿滿的一盒飯，讓他帶著在路上吃。在辦公室裡，他看到地上堆了很多紙，向我索要，說「反正你這裡這麼多，我也可以用它們多練筆寫東西」。我就找了個袋子，幫他裝了些潔白的紙，心裡卻忽然有了一種說不清楚的感覺，令我的熱情驟減。

他再一次表示感激，發誓一定要寫出好作品。

臨走的時候，他又一次掏出他的那些零錢（他回家的車費），不厭其煩地說最近手頭拮据，什麼都沒帶給我，讓我不要怪他。我知道，他這是在暗示我替他買一張回程車票。錢就在我的口袋裡，但這次我沒有掏出來。

他和我說，有一次在車站，他沒錢買車票，就向別人開口要，沒想到有一個好心人很慷慨地給了他一百五十元呢。

他一再地暗示我，就差沒有開口向我要錢了。可我依然裝聾作啞無動於衷。口袋裡的錢被我握成了一個紙團。我知道，我不能把它交到他的手上，那樣，它真的就成了一團廢紙，沒有尊嚴的廢紙。

他用一種很奇怪的眼神看我，或許他覺得我是個吝嗇的人，但我必須那樣做，我只是不想讓他養成一種**過分依賴別人施捨的習慣**。

對於一個羽翼未豐的年輕人來說，別人每施捨一次，就等於拔掉了他的一根羽毛。所以我不能施捨他，哪怕只是小恩小惠，也等於是在慢慢拆掉他的翅膀。

「我也有過貧困潦倒的時候，」我想有必要和他講講我自己的故事，「那一次也是在車站，自己口袋裡的錢不夠買車票。但我沒有向別人討要，而是去雜貨店買了一管鞋油和一個鞋刷，在車站幫別人擦鞋，擦一雙鞋一元錢，一共擦了十五雙鞋，可是還不夠買全程的車票。我就買了短途的票，然後在車廂裡繼續給別人擦鞋，一站又一站，如此反覆。就這樣，我擦了一路的鞋，也買了一路的票，終於到了家。」

他低下了頭，又一次羞紅了臉。我感覺到了，這一次，是他靈魂裡的羞愧。

有時候拒絕也是一種幫助，因爲我不想拆掉你的翅膀。

在這之後的幾年裡，我們互相通信保持聯繫，我常常在信中鼓勵他堅持下去。現在，他在當地已經小有名氣，而且被當地文學藝術界聯合會破格錄用，他也有了和我一樣寬敞漂亮的辦公室。他在給我的來信中真誠地表達了他的感激之情，他說：「我之所以能有今天，都是因爲您的那一次『拒絕』，拯救了一顆尊嚴即將跌落山谷的心。感謝您，讓我擁有了一雙自尊、自強、自立的翅膀。」

學會08

一念放下，天地皆寬

她的日子如同老式的算盤，洗衣、做飯、接送孩子，就那麼幾顆珠子，撥弄來撥弄去。

美蘭一直重複著這樣的日子，只因爲她的丈夫說，有生活油煙味的女人是最優雅的。她喜歡聽他說那些溫柔的話。他還說，她是世上最美妙的女子，他要把她捧在手心裡，一輩子。

可是美蘭的丈夫卻是個口是心非的男人，體內有著太多的自私與抵擋不住的獸性。於是，轉眼他就又會愛上另一個女人，和新歡說著同樣美妙的誓言。

美蘭爲人賢淑，卻有些笨拙。丈夫說喜歡吃雞蛋炒韭菜，她就天天做這道菜，直到把丈夫吃到有怨言。

這不是她的渣男丈夫另尋新歡的理由，但多少也有一點牽連。

新歡找上門來和美蘭攤牌，說自己有了身孕，逼著她和丈夫離婚。美蘭鬥爭了整整三天三夜，決定放手。

之所以做出這個決定，是因爲她在一本書裡看到了一句話，是勞倫斯說的：「音符本身很好，可是只彈一個就變得可怕了。一個音符，總是一個音符，這會讓你的耳朵磨出老繭來。」

這句話讓她猛然醒悟，她想，不能再這麼重複著去做一些無意義的事了。

美蘭決定改變自己。哪怕只換一劑調味品，也能讓這日子換個味道吧。

她下定決心剪掉了長髮，換一個髮型，換一種心情。沒想到感覺特別好，她想，若不去改變，就永遠不知道自己的另一面竟然如此光彩照人。

美蘭是我以前的同事，結婚之後就辭了職，在家專心地相夫教子，沒想到這些年經歷了這麼多的波折。

美蘭重新回到我們中間後，幹勁滿滿，對我們也是極其熱情，年近四十的女人，看上去依然青春靚麗，動感十足。她努力生活的樣子告訴我，**你可以不住在面朝大海的屋子裡，**

但是你的內心一定要春暖花開。

有一天，美蘭無意間遇到了那個導致她離婚的「小三」，和她比起來，「小三」顯得狼狽不堪、邋遢得很，而美蘭則看上去高貴優雅。「小三」驚訝之餘，哭訴自己的不幸，前夫把她甩了好多年了，「虧他當年說了那麼多好聽的，他說他永遠愛我的啊，這個天殺的，說不定換了多少女人了」。美蘭微笑地看著眼前這個可悲可嘆的人，彷彿這一切從來都與自己沒有半點關聯。她從前的日子是這樣，渣男的誓言也是這樣。

賈伯斯說：「**你的生命非常有限，所以，不要浪費在他人生活上。**」此刻，美蘭想把這句話送給「小三」，可是擔心她聽不懂，所以，她什麼都沒說。她微笑著轉身走掉。

與其事後吃虧，不如事前計畫

人們熱衷於旁觀。別人的「事故」來了，要嘛玩起冷漠的遊戲，「事不關己，高高掛起」，要嘛幸災樂禍地看熱鬧，卻只觀浮華表面的塵，不去深究內裡的核心。

這正是人類的通病。只有自己「亡羊」了才想到「補牢」；只有自己丟錢了才想到為口袋縫個紐扣；只有自己陷進隱祕的泥潭了才學會繞道而行……凡此種種，與其說是自私，不如說是糊塗。

人們習慣向別人借錢借物，卻很少借鑑別人吃過的虧；人們喜歡從別人那裡得到施捨，卻很少琢磨別人的「致富方法」；人們喜歡在別人身上挖掘笑料，卻很少思量那笑料裡是否也有自己的影子。

吃一塹，長一智，以這個速度計算，一個人一生得吃多少「虧」，才能把腦子補聰明？

鬧不好，吃壞了胃，吃壞了歲月，還眞是不划算。

吃一次虧，長一智，還要看吃的是什麼程度的「虧」，如果危險系數高，連命都搭上了，還有什麼機會補腦子長智慧？

所以，吃一次虧，不如借一次虧。與其事後吃虧，不如事前計畫。

借鑑別人的失敗和挫折，比學習別人的成功經驗顯得更爲可貴。很多教訓不必件件親歷，事事經過。比如：不一定非要摔斷了腿，才了解電動輪椅的構造；不一定非要置身貧民窟，才懂得鋪張浪費的可恥；不一定非要遭遇離異的煩惱，才能找到美滿婚姻的眞諦；不一定非要摔得頭破血流，才懂得人生旅途的疲憊和艱辛。

善於總結和思考前人與他人的挫折，往往可以獲得更有益的啟迪，拓展更寬廣的視野。

借他人之「虧」，鋪自己的坦途。

勾踐借夫差貪美戀色之「虧」，臥薪嘗膽，忍辱負重，三千越甲終吞吳；劉邦借項羽剛愎自用之「虧」，拜張良，追韓信，終得大漢數百年霸業；周瑜借曹操誤中連環計之「虧」，火燒赤壁，換得三國鼎立……

吃一虧，長一智，是在自己的傷痛裡磨礪珍珠；借一虧，長一智，是從別人的挫折裡淘洗金子。

珍珠不易磨礪，吃一虧怕是遠遠不夠。相比珍珠，金子更容易淘一些。所以，與其事後吃虧不如先借對方的虧來得實惠。

吃虧，猶如良藥，苦口但利於病。借虧，需要膽量、胸襟，甚至智慧。不論是自己之「虧」，還是他人之「虧」，都是人生進步的階梯和財富。不管是吃還是借，「虧」都是好東西。

哲學家沙特說：「他人即是地獄。」其實，他人並非一座地獄，只要你稍微調整一下思考的心，他人也可以是一面鏡子，令你自警；他人也可以是一粒藥丸，健腦補心。

Chapter 2

堅持：人生除了生死，其餘都是擦傷

「都走了這麼遠了，再堅持一下吧。

希望是好的，也許是萬物中最好的，

美好的東西永不消逝。」

——安迪《刺激 1995》（The Shawahank Redemption）——

堅持01

換一種看法，就換了一種活法

記得小時候，一個夏天的夜裡，有一隻飛蟲飛進了我的耳朵裡。我慌張地使勁撥弄耳朵，可是那隻頑皮的小飛蟲死活都不肯出來。我急得哭了起來。

奶奶取出一滴清油來，她說，往耳洞裡滴幾滴清油，就可以把飛蟲的翅膀黏住，然後憋死牠。

而母親卻讓我站起來，把耳朵對著明亮的燈泡，並像變魔術一樣地趴在我的耳根上喃喃低語：蟲兒蟲兒快出來，給你光亮讓你玩……果然，過了一下子，蟲兒就慢慢爬了出來，圍著燈泡快樂地旋轉起來。母親說，蟲兒最喜歡的是亮光，哪裡有亮光，它們就會朝哪裡飛奔。

對於兩種不同的方法，詩人孫曉傑解釋道：前者是生活，而後者就是詩歌。

奶奶去世的時候，我傷心又害怕。一個疼愛我的人永遠地走掉了，再不回來了。驀然間令我感覺到生命的黑暗。父親來開導我，他摸著我的頭說，奶奶出遠門了，那個方向是通往天堂的方向，上帝正在花園裡召喚她呢，因爲上帝喜歡她。我知道奶奶是個很虔誠的基督徒，這樣的解釋讓我的心鎖頓時打開，父親把我的悲傷改編成了童話。

從此我微笑著生活，我知道奶奶希望我這樣。無論走到哪裡，我都會給自己，也給別人以微笑，把手中的愛盡力揚撒到世界的每一個角落。

同樣是小學三年級的學生，在作文中說他們將來的志願是當小丑。一個老師批之爲：胸無大志，孺子不可教也！另一個老師祝願道：願你把歡笑帶給全世界！

有一次到日本伊豆半島旅遊，路況很差，到處都是坑洞。其中一位導遊連聲抱歉，說路面簡直像麻子一樣。另一個導遊卻詩意盎然地對遊客說：諸位先生女士，我們現在走的這條路，正是赫赫有名的伊豆迷人酒窩大道。

人生也是這樣，當你被一件事情困擾的時候，有沒有想過，換一種方法來解決它呢？

我們每個人都無法主導生命，卻可以改變生活。那個時候，你會覺得生活是一件很詩意的工作，而並不僅僅是從一隻肩膀到另一隻肩膀的疼痛。

生命中沒有導演，無法爲自己的人生進行彩排。但我們可以是編劇，儘管每個人的生活都會是一本陳年舊帳，但我們可以把它變成自己想要的體裁，那些風花雪月可以改編成詩歌，那些柴米油鹽可以改編成散文，那些坎坷和災難可以改編成小說，讓你的人生時而像水一樣流淌，悠閒而又充滿詩意；時而又像山路一樣跌宕起伏，峰迴路轉，柳暗花明。

生活是一座雜亂無章的素材資料庫，我們要做的，就是努力使自己成爲一個優秀的編劇。

堅持02

什麼都可以失去，唯獨希望不可以

因爲一場大風吹斷了電線，很久不曾停過電的城市經歷了一次短暫的黑暗。我在黑暗中摸索著，找到了一隻打火機，點著了不久前爲孩子買的生日蛋糕上剩下的幾支小蠟燭，那熒熒的火光像螢火蟲一樣氣若游絲，卻令我不再那麼慌亂。

忽然就想起奶奶來了。

奶奶的一生就像一根火柴，不斷地爲我們儲藏著熱情和溫暖。火柴，小小的木頭，把最熾烈的光藏在最不爲人知的暗處。

初嫁時，頭戴紅紗，身材短小，爲揮鋤的男人燒水煮飯，爲燈下的孩子穿針引線。老的時候，光焰散盡，頭頂的紅紗早已變成灰色的頭巾，她再也燃不起火來了。

小時候經常停電，停了電，奶奶就會點燃一盞煤油燈。燈芯長了的時候，屋子就會亮一些，我們在牆上的影子也更淸晰一些。我們喜歡這個時候，也更樂於讓手掌變幻出老鷹和小兔子的模樣，去牆上飛翔或者奔跑。可是奶奶往往會在這個時候拿起剪刀，把放縱得有些得意忘形的燈芯攔腰剪掉一半，剩下微弱的一半光亮苟延殘喘。我們的老鷹和小兔子也不再飛翔和奔跑了，我們鑽進冷冷的被窩，眨著黑亮亮的眼睛，看著祖母在那半點微光下，縫著似乎永遠也縫不完的鞋底。

我們想，那樣的鞋子肯定堅固，穿著那樣的鞋子，就算再黑的夜、再難的路，也總能回到家的吧。

猶太人的經典書籍《塔木德》裡有一句話：「人的眼睛是由黑、白兩部分組成的，可是神爲什麼要讓人只能透過黑的部分去看東西呢？**因爲人生必須透過黑暗，才能看到光明。**」

是啊，黑暗並不可怕，只要心中亮著哪怕半點螢光。

等待 NOTE

我們時常因為突如其來的異動、計畫失敗等，而感到慌張與焦慮，其實人生那些苦難沒那麼糟糕，保持著希望，活著便很好，活著就會上演奇蹟。

優秀的人，都敢對自己下狠手

他每天堅持十六個小時的創作，從不放棄。

他將自己完完全全融入作品中，跟著主角的喜怒哀樂而或悲或喜。他們幸福，他便跟著歡欣雀躍；他們悲苦，他便跟著經歷黑夜。作爲一個詩人，他被自己的詩句攝走了魂魄；作爲一個作家，他被自己的情節吸去了精髓。

文字，是他的孩子，除非他們在別的地方玩耍。但只要跳到了他的稿紙上，跳進那幸福的格子裡，他們就成了他的孩子。他疼愛他們但絕不嬌寵，他用自己的心磨礪他們，使他們閃現珍珠般的光澤；他用自己的靈魂薰陶他們，使他們釋放如醴的芬芳。長期的伏案寫作，使他的手擱在紙上，就像擱在刀刃上一樣。

他隱姓埋名，躲起來寫他的文字，朋友們找不到他。

他的早晨，永遠從中午開始。

餓了，便拿起一個餅皮一根生蔥，邊吃邊寫。在外人眼中，他顯得有些偏執，有些另類，執著得近乎有些「病態」。他計算成功的方式是吃苦和受罪，他拼命工作，玩命寫作，自我折磨式的付出使他耗盡了最後一滴鮮血。他就是作家路遙，爲我們剖析過人生，爲我們展現了平凡的世界的人。

作家汪曾祺說過：「人總要把自己生命的精華都調動起來，傾力一搏，像干將莫邪一樣，把自己煉進自己的劍裡，這，才叫活著。」古往今來，凡是做大學問的人，無不如此——心無旁騖，專心於自己的研究和創作，將自己煉進自己的劍裡。

作家路遙就是這樣的人，將自己煉進了自己的文字裡，寫出了《人生》《平凡的世界》等氣勢恢宏的巨著。

全身心地投入，才能產生驚人的能量。把自己煉進自己的劍裡，你便有了劍的魂，劍便有了你的魄。

把自己煉進自己的劍裡，你和你的劍才有了合二爲一的光芒。

沒有失敗過的人生，才真的潛藏著危險

靠海邊有一個村子，村子裡的人靠出海打魚爲生。有一戶人家，男人在十年前出海遇難，只剩下母子倆相依爲命。生活要繼續，兒子長大了就必須出海。母親每天都替兒子祈禱，保祐他每一次出海都能一帆風順、平平安安。或許是母親的祈禱感動了上天，果然，只要是他兒子出海的日子，就是晴空萬裡、風平浪靜。人們都認爲他是個福星，所以都紛紛打聽他要在哪天打魚，然後便跟著在這一天出海，因爲他們相信他能爲他們帶來好運。

時間長了，他也認爲自己是福星，但是險情終於還是發生了。

他碰到了一次風暴。由於一直都沒有遇到過風浪，他根本不知道該如何應對。甚至，他連救生圈都忘記帶上了。除了祈禱之外，他什麼都做不了。他只能蜷縮在船艙裡，任憑風浪把他吞噬。好在一起出海的人把他救起，他才幸運地撿回了一條命。

活得太順利讓他失去了警戒之心，忽視了對災難的防範，而災難一旦降臨，便會使他措手不及，甚至喪命。

所有的人都認爲，最好的人生是沒有挫折，一路坦途——考上大學，分配到好工作，不停地升官加薪，順風順水。但這可能嗎？行船的人都知道，一年平均下來，有多少順風，就有多少逆風。人生不也是這樣嗎？總體平均下來，有多少成功，就有多少挫折。你想成功嗎？那麼就別怕挫折。你怕挫折嗎？那就不要期待成功。一家公司招聘員工，一位高材生去應聘，放榜後，沒看見自己的名字，便跳河自殺。後來發現他考的分數是第一名，公司在抄分數的時候抄漏了。高材生跳河被人救起，聞知自己是第一名便去報到，老闆卻無論如何也不肯錄用，高材生很不理解，老闆說：「遇到這麼一點挫折便要跳河，當公司遇到更大的挫折時，你怎麼辦？」

那位高材生之所以要自殺，就是因爲他曾經遇到的一切都是那麼順利，從小就活在讓人羨慕的環境裡，他想要得到的幾乎都能得到，一帆風順養成了他與生俱來的驕傲，而這顆驕傲的心也是最脆弱的，哪怕僅僅是從手中不小心的掉落，也會使他粉身碎骨。

生活中這樣的例子數不勝數，從貧苦和逆境中成長起來的孩子，比那些溫室裡長出來的花朵們更容易成功。**因爲他們在苦難中摸爬滾打，在苦難中注射了補鈣針，所以他們筋強骨壯、意志堅定，也能適應種種惡劣的環境。**

一帆風順是一種美好的祝願，但有時候，它是另一種意義上的挫折，甚至是更大的挫折。

堅持05

沒有不能快樂的人，只有不肯快樂的心

週末的時候，我路過一個電話亭，看到一個外地工人在那裡講電話，由於大街上喧嚣吵鬧，他不得不拿著話筒用方言大聲地喊著：「老婆，我好著呢，吃得好睡得好，穿得也好。大城市眞漂亮……」與此同時，我看到了他另一隻髒兮兮的手上握著的兩個饅頭。那是他的午餐，我看到他正狼吞虎嚥地吃著，吃得很香。

陽光下一群工人在做著他們的工作，大汗淋漓，他們有一句沒一句地開著無傷大雅的玩笑，手上忙碌著，心裡簡單著。這種室外的工作是令人愉快的，很難有人在春天的陽光下在一群人之中想自己的煩惱——一件工作有時會因爲它的環境變成一種享受，特別是當人們處在大自然中時，頭上的樹木正在發芽，身邊的地上落滿了柳絮，他們呼吸著植物在這個季節特有的澀香的味道，陽光輕柔地撫在他們身上，而他們的工作又並不煩瑣。在這時，誰知道他們是否會有一種溫煦的陶醉呢？彷彿世外桃源裡的生活，他們只是一些「不知秦漢，無論魏晉」的逍遙的人。

這些快樂的人讓我想起了立琪。

立琪是我們家族裡的第一個大學生，一直都是我們引以爲豪的榜樣。讀大學的時候，她是班級裡家境最爲貧寒的一個。衣服輕易不買件新的，飯菜從來捨不得買貴的。但是愛笑的立琪始終快樂著，臉上全是對未來的憧憬。

快畢業了，立琪和隔壁大學的一位男同學當朋友，那男生家在鄉下，家裡也很窮。他的爸爸知道立琪男朋友的消息後，幾經輾轉去了那同學的老家。那時候男同學家的院子裡正凌亂地荒涼著，房子的房頂上茂盛的野草正肆意地迎風搖曳。回來後，他對立琪說的第一句話就是：「我家就夠窮的了，你怎麼找了個比我家還窮的對象啊？」

但這並沒有阻止立琪的愛情。在親人的反對聲中，他們結婚了。新房是一間租來的房子，冬天的屋子如一座「水晶宮」，到處是亮晶晶的冰霜，沁著涼氣。即便是在那麼不堪的環境裡，立琪的嗓子裡，依然哼著快樂的曲調。立琪的心很大，大得有些「傻」。

立琪和先生起初一直沒有找到合適的工作，他們就臨時去附近的啤酒廠刷酒瓶，兩個人在冰冷的車間刷了一天，腳上的鞋子都凍了，終於賺到了他們結婚以來的第一筆薪水——四十七塊錢。他們用這些錢犒勞了自己，買了肉和芹菜，包了餃子，然後就聽到兩個人在那個快樂的傍晚不停地打著幸福的飽嗝。

我是在立琪最困難的時候見到她的。家人雖然生氣立琪不聽父母的忠告，結婚後一次都沒有去看過她，但心裡總是惦記的。正好那時候我讀初中，在姑媽家借住。姑媽就趁我放假的時候讓我帶上一些錢去看看立琪。見到立琪的時候，我的確是大吃了一驚。之前我從姑媽口中略知了一些關於立琪的生活狀況，但沒想到會這樣糟：低矮破舊的屋子裡一貧如洗，看著讓人直想落淚。但就是那樣貧窮的地方，到處卻是乾乾淨淨的，尤其是床上，潔白得有些耀眼。窗臺上一盆野菊花開得正艷，給他們凄楚的生活帶來了黃燦燦的希望。

立琪沒有錢買菜，就讓姐夫做了個篩網，領著我去小河邊撈泥鰍。我們一邊說笑一邊撈，撈了整整一個上午，結果只撈上來十一條小拇指那麼粗的泥鰍。立琪喜滋滋地捧回去，生了火，爲我做了醬泥鰍。那是我吃過的最好吃的窮人的佳餚。

我哽咽著，眼淚在我的眼眶裡直打轉，立琪卻快樂地對我說：「等你再來，姐一定請你吃大館子。」她說困難是暫時的，她說曙光在前頭。

貧窮一點都沒有奪走她快樂的天性。

後來立琪和姐夫雙雙考上了公務員，領著令人羡慕的薪水，想起這段曾經貧寒的過往，立琪倍感珍惜。每當我的生活現出窘境，和立琪訴苦時，她總會拿她的這一段過往說事，以至於她的這段經歷成了我們「家喻戶曉」的教科書了。

「**看到天上那輪窄窄的下弦月了嗎？那就是你不圓滿的人生，但是，你看它依然明亮著，從不蹙緊眉頭，它會樂觀地生活，直到把自己走成上弦月，向著那份圓滿走去。**」不愧是立琪，說的話總是那麼有詩意，而且讓我的心一截一截地柔軟下去。

Chapter 3

記得：別為了不屬於自己的觀眾，去演繹自己不擅長的人生

「就算霍爾是怪物，我也無所謂。」

「我希望能讓蘇菲和大家安心生活，摘這裡的花，

應該可以開一間花店吧？

對吧？蘇菲一定可以做得很好。」

——《霍爾的移動城堡》——

這個世界不缺善良，缺的是原則

我有一個熱愛買彩券的朋友，中了三百萬的大獎。這是個大喜事，可是他卻高興不起來，和我訴苦。他說他的親戚朋友聽說他中了獎，紛紛尋了些苦處來向他借錢，他為人仗義，有求必應，算了一下，已經有一多半的獎金被他「施捨」出去了。照理說親戚朋友借了他的錢應該會感激他吧，結果卻恰恰相反，親戚們電話不來，朋友們疏於問候，有時候在路上見到都想辦法要躲著他。這令他脊背發涼，十分不解，這好人做得為什麼就像個壞人？

他感慨地說：「人心不足蛇吞象，你借給他一千，他想著一萬；你借給他一萬，他想著十萬。人心啊，真是永遠填不滿的溝壑！真是應了那句古話，『送人一斗米是恩人，送人一擔米是仇人』啊！」

「或許還有另外一種情況，」我開導他說，「因爲你平常就是個豪爽的人，很多人受過你的恩惠。如今，你一擲千金，更顯得豪氣乾雲。可是你想過沒有，借你錢的人有可能是個極窮的人，一下子無法還你錢。受恩小，便還得起，會銘記在心，但如果受恩太重，很難還甚至根本還不起，就會內疚，那麼就會選擇逃避你這個恩人，就容易『忘恩負義』。」

朋友點頭稱是，雖然依舊不快，但總算解開了心結。

《紅樓夢》裡，薛寶釵容貌好，品格好，性情好，樣樣都好，照理應該有很多朋友，可是，大觀園的姐妹們寂寞了倒更願去黛玉那裡玩耍，卻從不去寶釵那裡玩鬧。

寶釵無友，一個主要的原因就是寶釵的「幫助別人，不求回報」。寶釵是個熱心人，別人有困難她都會出手相助：幫史湘雲辦螃蟹宴；給黛玉送燕窩；偷偷地將所當的棉衣贖回還給她；寶玉挨打後她又帶來了治傷的藥……她幫助別人實在太多了，卻從不求回報，別人也沒有機會回報給她。所以，時間一長，大家就會對這個熱心的好姐姐敬而遠之，只是爲了不想欠她太多。

美國政客克里斯．馬修斯（Christopher Mattews）在他的《硬球》（Hardball）一書中寫道，**如果你想讓一個人記得你，最好的辦法不是給予他什麼，而是求他幫你一個忙**。因爲人們都不願意虧欠於人，所以如果你幫他太多，他會傾向於忘記你，但假如你虧欠於他，那麼他會一直記得你。

恩太大，就會如一座山壓垮一個人，恩太重，就會如一個巨大的十字架，讓靈魂負累。

慈悲之心是人間大善。**但過於慈悲，便有了縱容的嫌疑**。於此，施人以恩也須有個度，讓那恩成爲別人雪中的炭，而非別人心頭的十字架。

記得02——做更好的自己，才會遇見更好的人

在社會打滾久了，會發現有那樣一種人，人緣很好，總是有很多人願意圍繞在他的身邊，使他總是不自覺地成為一個圈子的中心。有時候不免會生出疑惑：這些人為什麼會是社會的「寵兒」，得到那麼多人的擁護呢？

大羅就是這樣一個曾經讓我疑惑的人。如果放到古代，我相信，他就是仗義疏財的及時雨宋江。

那年我剛剛辭去工作，待業在家，成天無所事事，沾染上了嗜酒和賭博的惡習，並一發不可收拾。胃喝壞了，錢輸光了，幾年來辛辛苦苦賺下的存款被我揮霍一空，妻子為此嚷嚷著要和我離婚。當時我的心裡只有一個念頭，想辦法借到一筆錢，然後豪賭最後一次，把輸的錢都撈回來。

我謊稱買車當司機，向朋友們開口借錢，幾個朋友都是窮光蛋，但江濤透露給我，說他有一個叫大羅的朋友家裡很有錢，人也很仗義，不如讓我碰碰運氣。

我和大羅不認識，根本沒抱什麼希望。可是他聽說我是江濤的朋友，毫不猶豫地借給了我一萬元。那個時候，一萬元不是個小數目，他這麼信得過我，讓我心裡不禁閃過一個念頭：不如眞的用這錢去做點生意吧，本本分分地工作賺錢。可是最後，好賭的欲念還是戰勝了理智，我又一次坐到了賭桌邊，又一次血本無歸。

當江濤知道我用這筆錢去賭博並且輸得精光的時候，氣得要與我絕交。這件事也輾轉傳到了大羅的耳朵裡。大羅透過江濤，約了我見面。我想，大羅肯定是要逼著我還錢了。

令我大呼意外的是，大羅不僅沒有逼我還錢，反而又借了我一萬塊，當時他拍了拍我的肩膀，只說了一句話：「你不光要戒掉酒和賭博，還要戒掉酒肉朋友。」

那句話深深地烙在了我的心上。我做到了。我踏踏實實，埋頭苦幹，只用了一年的時間，就把欠大羅的錢還上了。大羅只收了本金，把利息退給了我。

我感動於他的熱心、他的親和、他的豁達，那一刻，我在心底對自己說，我會用一生去結交這樣的朋友，而遠離只會讓人墮落的狐朋狗友。

聽過一節人生講堂，老師在臺上講解關於做人的魅力方面的內容，她拿一塊玉做比喻。她把一塊玉放到桌子上，然後把所有的燈光都關掉，拉開身後的窗簾，白花花的月光照進來，把那塊玉照得越發晶瑩剔透。我們不禁驚呼那塊玉的美。

這時，她取出一個紗網，把那塊玉罩住。玉的光芒一下子黯淡下來，月亮似乎也不再如剛才那般明亮。

老師說：「**每個人的心都可以是那樣一塊玉。只是有一些玉的斑痕太多，比如嫉妒、怨恨、猜疑、小氣等，都是這塊玉上的疤，會擋住玉的光芒，就像被紗網罩住了一樣。所以，它引來的月光自然就少了許多。**」

我豁然領悟，大羅不就是一塊活生生的光潔的玉嗎！我理解了，爲什麼大羅的身邊會有那麼多的朋友。大羅的朋友幾乎涵蓋了所有的階層，有上流社會的，也有底層普通百姓，但那些朋友都有一個共同特點：乾淨、正派。

我想，這都要歸結於大羅的人格魅力吧。每個人都可以是一塊玉，**你的內涵、你的修**

養決定了你的光潤程度。大羅給我做了一個榜樣，讓我也致力於做一個有人格魅力的人，用身上的光澤去感染人。

朱德庸說，好朋友兩個就夠了，一個肯借給你錢，另一個肯參加你的葬禮。是啊，很多自認爲朋友的人，其實更像是旅伴，只要彼此方向或步調不一致，他們就會漸行漸遠。**做好自己的本分，眞誠坦蕩，自然會有優秀的人走過來與你結伴同行**。

如果你心生蓮花，呵氣如蘭，那些烏煙瘴氣自然會躲著你，無法侵襲你，聚集在你身邊的，自然也都是充滿香氣的人。

因爲最好的玉引來的，是最美的月光。

記得03——

不要習慣了接受，就忘記了感恩

充滿善意的心靈是可貴的，而那些對你的小小善舉報以微笑的人，是可愛的人。

暑假回家的時候，我在公車上一共給五個人讓了座，這其中有三個老人、一個抱孩子的人和一個拄著拐杖的人。但讓我悶悶不樂的是，除了那個抱孩子的和一個老人說了聲謝謝之外，其他三個人都像是我欠他們似的，理所當然地坐下，對我的善意熟視無睹。

回家和母親充滿怨氣地說起這些事情的時候，母親笑著問我：「那以後遇到有難處的人你還幫不幫啊？」我不置可否。母親說：「對人施以援手是我們的事，別人是否感恩是他們的事，難道你在做那些事情的時候是想讓別人來感激的嗎？」聽了母親的解釋，我的心釋然了。

母親是個熱心的人，被她幫助過的人數不勝數。用母親的話說，那不過是一個個舉手之勞罷了。

母親說，有一次在大街上，她看到一個老人推著三輪車在沿街叫賣，三輪車上裝著滿滿的蔬菜，推起來有些吃力。在路過一個上坡的時候，老人使出全身的力氣推著車子，但車子太過沈重，眼看就要退回來了。母親遠遠地看到，就一路小跑著過去，幫著老人把車子推了上去。

「他也是一個謝字都沒說，」母親說，「可是他把車子停穩了之後，從後面抱上我，手裡捧著幾根水靈靈的黃瓜，非要我拿著，他說那是自己園子裡種的，沒有化肥，好吃。我推脫著不肯要，老人竟然擋著我的路，硬生生地往我手裡塞。我知道我不能再推脫，因爲我實在不能拒絕一顆感恩的心。」

上高中的時候，我的一個同學家境很困難，自幼喪母，父親又體弱多病，而且在他第一次參加聯考前一兩個月時去世了。

第一年聯考，他落榜了。他選擇了重考，然而，第二年聯考，他依然名落孫山。他重考第三次的時候被分到我們班，班導知道了他家的情況：父母親全都去世了，只有一個小他兩歲的弟弟，在南部打工，賺了錢寄給哥哥，讓他讀書考大學。

班導知道後大爲震驚。第二天，他就發動了許多老師和學生爲這位同學捐款，而且自己也捐出不少的錢。當班導把一大把鈔票遞給那位同學的時候，想不到他將錢接了過去，然後狠狠地砸在了班導的臉上，接著轉過身去，一步一步地離開了，連頭都沒有回一下……

我們全都被那位同學的舉動嚇到了，然後就看見班導的眼中泛著淚光，用一種難以言說的目光望著那位同學離去的倔強的背影……

對那位同學的骨氣我非常佩服，但對他的做法卻很不贊同。他認爲這是一種傷害他尊嚴的憐憫，但他有沒有想過，這份憐憫裡凝聚了多少人的愛心，他將別人的愛心推向了懸崖。

我認識一位朋友，他是一個殘疾人，所以經常碰到一些出於憐憫而給予的幫助，他大都禮貌地拒絕了。拒絕之餘，他仍然不忘記眞誠地感謝別人的善意。他說：「不管出於何種原因，**別人的憐憫終究是一種良知，是一種善意，是一種美德，是一份眞誠。我們接受**

也罷，拒絕也罷，至少我們應該以一種感恩的心情去面對別人的關切，並真誠地給予回報。」

是啊，你可以不高貴，但你一定要有感恩的心。它如同一塊香料，拿著它上路，會讓你的心時時刻刻盈滿暗香。

記得04——你是獨一無二的，尊貴的你自己

史蒂芬史匹柏導演的影片《紫色姐妹花》，有一個鏡頭讓我久久難忘：黑人婦女蘇菲亞為了維護自己的孩子，在集市上對白人說，「請你向我的孩子道歉」，卻被白人一槍打倒。

在我看來，蘇菲亞是一隻黑色的蝴蝶，她死於種族歧視，也永生於勇敢和尊嚴。這只蝴蝶，不論膚色如何，都是美麗的。

痛苦、希望、覺醒，就像紫羅蘭一樣，看似毫不起眼地開在原野上，但一簇簇組合起來，就會形成一塊爛的鋪滿了鮮花的地毯。

無數只像蘇菲亞一樣的黑色蝴蝶，在爭取尊嚴的路上，鋪成了鮮花一樣的地毯。

俄國作家契訶夫十九歲那年，寫了一封信給弟弟米哈。契訶夫表揚弟弟「你的字寫得

很好，在信中我沒有發現一個語法錯誤」，但是，「為什麼你稱自己是『一個微不足道的渺小的弟弟』呢？你意識到自己渺小？弟弟，並非所有的米哈都應該是一模一樣的。你知道嗎，應該在什麼地方意識到自己渺小？那應該是在神和智慧、美和自然的面前，而不是在人們面前。在人們之中你應該意識到自己的尊嚴……你要記住，誠實的年輕人可不是渺小和微不足道的」。

契訶夫祖父自農奴贖身，十六歲時父親因債務問題帶全家避走莫斯科，他從小就感受到周圍世界的冷酷，為了生活不得不向他人乞憐，從而沾染上了「奴性」，但他很早就意識到了這種奴性，並且為克服它而不懈努力：必須「夜以繼日地勞動，不斷地讀書和鑽研」，必須有「意志力」，「把自己身上的奴性，一點一滴地擠出去」。

當他把那些「奴性」擠出去之後，就將完成蛻變，一隻尊嚴的蝴蝶，就會從心中翩翩飛出。

女兒六歲的時候，相依為命的媽媽患了重病，眼見著時日不多了，只好求自己的妹妹領養女兒。

姨媽領女兒走的那天早晨，媽媽把她打扮得像個小公主一樣，然後就那麼呆呆地凝視著她，甚至都不捨得眨眼睛。割肉一般的疼痛，媽媽也只能忍著。

女兒不知道自己是與媽媽生離死別，只當是去姨媽家做客，她給媽媽擦著眼淚，她說「媽媽，過幾天我就回來啦，不哭不哭」。

媽媽把女兒抱在懷裡，不捨得鬆手，鬆開了，世界就進入到無邊的黑暗。

姨媽也是含著眼淚，狠狠心，抱起女兒奪門而出。媽媽忽然想到了什麼，喊著等一等。媽媽從櫃子裡找出一個蝴蝶髮夾，很認眞地別到了女兒的頭髮上。她不知道女兒是否聽得懂，只是反覆地在女兒耳邊交代說，記住，你永遠是個小公主，別小瞧了自己！

從此以後，卽便寄人籬下，女兒也永遠記得媽媽留下的那句話，永遠做個小公主，不能輕賤了自己。

生命若是一棵樹，尊嚴便是深深扎下去的根。唯有尊嚴，能讓你筆直，讓你盛放，盈滿香氣。

那個蝴蝶形髮夾，被女兒永遠留在身邊，那是媽媽留給她的關於尊嚴的叮囑。待她有了自己的女兒，她也會把這個蝴蝶髮夾別在女兒的頭髮上，也會告訴女兒，你是獨一無二的、尊貴的你自己。

記得05——

發怒不如發奮，生氣不如爭氣

我有一個性格外向開朗的朋友，承包了一個小農地，做得還算順利。他的性格有些張揚，幾個有資歷的地主打心眼裡瞧不起他。有一次在酒桌上，一個很厲害的地主就和他說：「你現在到底有什麼啊，憑什麼這麼張狂呢？」他說：「我可能現在什麼都不如你，但是有一樣是你不如我的，那就是年齡。你比我大十歲，這十年之間發生什麼，誰都不可預料。年輕，就是我的資本。」

一席話，讓那些財大氣粗的地主們啞口無言。

他這些年經歷的挫折，外人很少知道。他總是將那堅強樂觀的一面示人，殊不知，很多時候他就像一隻被捉住的鷹，孤傲倔強不肯認輸，只是在夜深人靜的時候獨自用嫩黃的喙梳理雜亂的羽毛，用粉色的舌頭小心舔舐自己的傷口，然後，第二天繼續高昂他的頭顱。

他說生命是充滿變數的，誰也不敢說自己可以做一輩子的王，也沒有人願意承認自己甘願做一輩子的奴僕。「**你可以看扁現在的我，但永遠不要低估將來的我。**」這是他爲自己寫的座右銘。

我有一個生活在農村的表弟，在他身上，我領略了另一種截然不同的生活態度。表弟總說，別人總是看扁他，他覺得自己再也沒臉活下去了。

他是個自卑的人，總覺得自己處處不如別人，總喜歡和親戚鄰居們比較，比較的結果就是，他的日子過得最差。照理說，他是個很勤勞的人，日子本不應該過成那個樣子，可是他遇事不經大腦，脾氣也倔強。他總喜歡不停地往家裡買各種機器，家裡空間小，買這麼多鐵疙瘩根本用不上幾次，而且三天兩頭的不是這裡壞了就是那裡需要換零件了，更多的時候是閒置在那裡，生了厚厚的鐵鏽。親戚們怎麼說他也不聽，一副不撞南牆不回頭的憨勁兒。自己還總是怨天尤人，說老天爺不開眼，這麼拼命工作卻換不來好日子。面對親朋好友的批評，他不反思，反而更加鬱悶，爲自己買了兩個手機，分別辦了兩張卡，把別人看扁他的話都編成了訊息，然後用這個手機傳到那個手機上，再從那個手機傳到這個手機上，翻來覆去，讓他的苦悶在心間產生了對流，終日裡縈繞不去。他就這樣不停地被他自己的苦悶折磨著，終於有一天，精神崩潰，喝了農藥。所幸搶救及時，命救過來了，可也不知道思想能不能轉過來。

其實，如果他能換一種角度思考，把那些別人看扁他的話當成一種激勵，多去想一想生活中點點滴滴的快樂，那麼，這快樂的露水一定會一點一點地慢慢聚集，最後聚集成快樂的海洋。那樣就會是另外一種結果了。

生活的藝術更像是摔跤而不是跳舞，既要站得穩，還要時刻準備好突如其來的打擊。人生在世，很多時候我們不得不面對冷漠的面孔、嘲弄的眼神甚至惡意的中傷、陰險的陷阱……但無論我們周圍的世界怎樣令人痛苦不堪，無論我們心靈的天空如何陰霾密布，我們都應當笑對人生。

張小嫻說：「與其因爲別人看扁你而生氣，倒不如努力爭口氣。爭氣永遠比生氣漂亮和聰明。」

就憑你，能行嗎？人生路上，我們經常會遇到這樣的質疑，此刻，需要你說一句：我能行。永遠不要忘記當初的夢想並去堅守它，如果它像天上的星星一樣遙不可及，不妨先讓它變成枕邊的油燈。

等待 NOTE

你若自卑，沒有人能教你自信。
但把他人看扁的話當成一種激勵，
多去想一想生活中點點滴滴的快樂，
那麼，這快樂的露水一定會一點一點地慢慢聚集，
最後聚集成快樂的海洋。
那樣就會是另外一種結果了。

記得06

心靈會因寬容而平靜

滴酒不沾的朋友打電話來，約我出去喝酒。

對於我的詫異，朋友在喝下整整一瓶酒的時候，給了我答案。

那是他在內心隱藏了二十多年的祕密。

八歲的時候，他的母親因車禍離他而去，父親又給他找了個繼母。也是從那時起，他記住了那個惡毒的女人。他在內心詛咒，讓她得不到她想要的任何一樣東西。他認定她像童話裡那個外表美麗而心如蛇蠍的皇后，他希望有一天自己能擁有一面充滿魔力的鏡子，幻化出火焰，讓她驚慌失措地跳動，直到累死爲止。

不管當著多少人的面，她都會拿他的缺陷開玩笑。那是他跛了的雙腳，走起路來一瘸一拐的醜態常常被她拿來當作笑料。不只如此，對於他不小心惹的禍，她還常常慫恿父親打他。從那個時候起，他的內心就只剩下了仇恨。

他從不叫她「媽」，即使在父親的逼迫下，他也會狠狠地咬著牙，始終不肯吐出那個用「M」開頭的令人溫暖的詞，反而在心底把仇恨的種子種得更深。

他在這種仇恨中漸漸長大，他的內心沒有一塊可以種植愛的土壤，它們荒蕪著，任憑歲月在上面覆滿厚厚的塵埃。

或許是命裡注定吧，父親在他開始工作的第二年也因車禍死去。據目擊證人說，他臨死前喃喃不休地念叨著什麼。

「但我想他念叨的人肯定不會是我，因爲在他那裡，我感受更多的是他的冷漠。」朋友淡然地說。

沒有了依靠，繼母變得小心翼翼起來。不管做什麼，她都誠惶誠恐地事先徵求他的意見。他也總是故意刁難她，處處找她的不是，不知不覺間將心底的仇恨連本帶利地傾倒回去。有一次，因爲她打碎了一隻碗，他便讓她捲鋪蓋走人。她無處可去，他這裡是她唯一可以寄居的屋檐。她竟然跪下來苦苦地哀求他不要趕她走，那一刻，他很奇怪自己竟然沒有一絲報復的快感，相反，僵硬了二十年的心微微開始有了一些放鬆的感覺。

任何醜陋的心靈都有它脆弱和美麗的一面，他想起當初父親和繼母商量是否要一個屬於他們自己的孩子時，她說過的一句話：「雖然這孩子不是我親生的，但這麼長時間了，也有了感情。我就當生過吧，只要他認我這個媽。」

她堅持沒要自己的孩子，這是他唯一能記起的她的好。但就是這唯一的好在他被仇恨裹緊的心裡留下了一個愛的縫隙，容溫暖穿過。

他們仍舊住在一個屋簷底下，一天夜裡，他與朋友喝酒後晚歸，醉倒在客廳的沙發上，在昏昏沈沈中看到她抱著毯子蓋在了他的身上，聽到她怯怯地喚著「兒子……」，他錯把她當作了死去的母親，如同囈語般喚著「媽媽」，他隱約看到了她蒼老的臉上有淚珠在滾動。

他的心在那一刻重新甦醒，像冬眠的蟲子在春天的陽光下開始慢慢蠕動。

放下一段仇恨，遠比報仇更艱難，他的心靈因寬容而平靜了。

「自從放下了那段仇恨，我的心情輕鬆多了，就像卸下了一塊大石頭一樣。從那以後，我懂得了一個道理，**每個人都有自己不同的生活，而不同之處，就在於你在自己的心上放了什麼**。」朋友如釋重負地說。

在你的心上放什麼？這是多好的叩擊靈魂的一問啊。我不禁想到了我自己，在紅塵中奔波勞碌，不敢停下腳步，生怕自己的懈怠會讓別人搶走飯碗；不敢把心門打開，生怕遭遇一個個陰謀的陷阱；不敢對人坦承心跡，哪怕是面對最要好的朋友，也會把神經繃得緊緊的，像繩子上捆縛了一顆跳動的心。

在你的心上放一個秋天，你就會充滿離愁別緒；放一段憎恨或者一句咒語，你就會把愛趕跑。但是**如果在你的心上放一條魚，它就會鮮活你的生命**。

記得07

只是錯過，不算過錯

倘若生命列車可以返程，你會給你的人生準備好怎樣的行李？

一九六五年的秋天，瑞元即將退役。部隊主管經過嚴格考察和篩選，決定留下五個人在部隊重點培養，他是其中之一。就在此時，家裡的一封信改變了他一生的命運。家裡人在他當兵之前給他介紹了一門親事，現在女方催促他回家完婚。他就像被什麼東西附了身一樣，一刻都等不下去，他放棄了這一切，包括轉業安置的機會都不要了。其餘那四個留下的人，後來都做了軍官。而他做了一輩子農民，一生和土地打交道，除了當兵之外，沒有再出過遠門。晚景雖算不得淒涼，但過於單調，每日裡和幾個氣喘呼呼的老朋友打麻將，常常為輸了幾塊錢而鬱悶好幾天。他微駝了背，有點老年痴呆的假象，當年的老兵組團來看他，訝異不已，他看上去比那幾個當了軍官的戰友至少老了十歲。

「唉，如果當初……」戰友們對瑞元的境遇唏噓不已，卻令他猛然向前身體搖晃。

一九九一年的秋天，一個十五歲的少年，因爲過於高傲，中考志願上只報了一個重點高中，結果以一分之差被拒之門外。高傲的他放棄重讀的機會，認爲不上大學，靠自己的本事一樣可以成爲人中龍鳳。結果走了很多彎路，付出比別人多出好幾倍的艱辛，用了近二十年的時間才有了一點小小的成就，而當初幾個成績不如他的同學早於十年前就擁有了他現在所擁有的一切。一個決定，讓他丟失了十年的好時光。

二〇〇五年的春天，一個中等專業學校畢業的女孩決定不高考，去找工作。儘管同學和老師一再相勸，說她考個好大學不成問題，將來的前程也會很光明，但她不爲所動，只想盡快找到一份工作，早一點賺錢養家，因爲家境實在太過窘困。她做了很多種工作，目前在一個三溫暖做收銀員。

這三個人，分別是我的二叔、我自己，以及我的表妹。我們選擇了現在的人生，就難以避免在回憶的時候抱怨生活，抱怨自己走過路過錯過。倘若時光能夠倒流，人的一生也能如列車一樣有返程的時候，我想我們一定會認眞準備好自己的行李，帶著最初最美好的願望，從頭開始，重新去認識道路。

妻子買回那盆荷花時，還是含苞未放的。夜半被朋友找出去，陪失意的他喝酒到天明。待我回來時，只見一枝潔淨的荷花，盈盈開放在這間寂靜的小屋。趁著屋子裡淡淡的薄香，我睡了。中午醒來時，看到花瓣合在了一起。這是白荷花的節律吧——它只開在夜半和黎明。

第二天，我有了時間，把它放到我的書桌上，準備一邊寫文章一邊看著它，以爲這樣便不會錯過它的再度開放。然而未及晚上，花瓣便一枚枚從莖端飄落……

初時傷神，繼而明白——凡世間可遇不可求之人和事，都因他們自有節律。所以，有錯過，也是不必太過哀傷的。因爲那一切從來時便是爲了要去的，只不過從我們眼前一時經過一下。於這樣的緣分，若我們不能看得分明，懂得透徹，必定要徒惹些惘然的傷感！

雖是擦肩而過，我不是也在那薄薄的荷香裡美美地睡了一覺嗎？亦當知足了吧。

人間事，若細細估算，錯過的總是比握住的多得多，但錯過的景致正因爲是錯過，而在心頭佔據著一定的位置，從而不忘，雖然遺憾，但也算另一種意義上的收藏吧。

人生本來就是由各種遺憾組成的，所幸，我們只是錯過，而不是過錯。所以，請繼續懷揣著那些美好的心願，繼續著生命列車可以返程的夢想，不要遺棄它們，永遠。

Chapter 4

祕訣：有意思比有意義更有意義

「我們能觸摸的東西沒有『永遠』，

把手握緊，裡面什麼也沒有。

把手鬆開，你擁有的是一切。」

——《臥虎藏龍》——

爲了減肥，老婆每天爬山鍛鍊，半個月有餘，但往體重機上一站，體重不降反升，不禁有些懊惱，每天重複做這些，卻毫無結果，有意義嗎？

我告訴她，這當然有意義，而且意義非凡呢！你跳躍著躲開一隻螞蟻，有可能就被攝影者捕捉到，你就是爲善良代言的人，這就是意義；你聽到寺廟裡的佛音，停下來，虔誠地合掌鞠躬，念念有詞，我能聽到你爲家人和朋友許下的願，這就是意義；一縷風吹過，花香沁入心肺，你閉上眼深深地吸氣，這樣的神情，就是作者筆下的美人，這就是意義；透過與大自然的親密接觸，你的心靈輕盈，看著葉子從綠到黃，從無到有，品味其中的哲思之趣，這就是意義……

每個人的一天，都是不斷地重複，平淡無奇，看似毫無意義，但意義恰恰就蘊藏在這波瀾不驚裡。

有一期的《奇葩大會》（中國綜藝節目，以年輕人發表、討論、辯論各式觀點爲主），一位來自清華大學的博士生令人印象深刻，在他的眼中，無論多麼無聊的日常生活都能變成一件很有意思的事。比如，爲了研究如何高效地洗襪子，他自製了多款自動洗襪機，另外還有其他許多有意思的發明，從電腦風扇到打蛋器再到發條人。有人常常問他：你整天做這些有的沒的、亂七八糟的實驗，究竟有什麼用呢？他說，這樣一些單純有意思、用好奇心驅動的東西，在你要求它變得有用的那個瞬間，它就變得不再有趣了。

人們太習慣於問「這有什麼用」了！就像蔡康永在《人生並不是拿來用的》一文中說的：「『這有什麼用？』幾乎是最受歡迎的一個問題。每個人都好像上好發條的娃娃，你只要拍他的後腦一下，他就理直氣壯地問：『這有什麼用？』」

「我想學舞臺劇。」「這有什麼用？」

「我正在讀《追憶似水年華》。」「這有什麼用？」

「我會彈巴哈的曲子了。」「這有什麼用？」

「我會辨認楝樹了。」「這有什麼用？」

……

看翻譯家林少華的隨筆集《異鄉人》，其中有個細節令我莞爾——

某日早上，我悲哀地發現，大弟用叫「百草枯」的除草劑，把院落一角紅磚上的青苔噴得焦黃一片，牆角的牽牛花被藥味熏得頭昏腦脹。

問之，他說：「青苔有什麼用，牽牛花有什麼用，吃不能吃，看不好看！」悲哀之餘，爲了讓他領悟青苔和牽牛花的美，爲讓他體味「苔痕上階綠，草色入簾青」的詩境，我特意找書打開有關圖片，像講課那樣興奮地講了不止一個小時。

不料過了一些時日，他來園子鏟草時，還是把籬笆上開得正艷的牽牛花利俐落索連根鏟除。我還能說什麼呢……

此時的林少華唯有一聲長嘆——「我還能說什麼呢！」這眞是「夏蟲不可語冰」。

人啊，總歸是太過實際的，哪怕人與人的交往，也大多習慣交有用的人做朋友。丈夫們出去應酬回來，太太們總免不了問一下都有哪些人在場，你報出了那些人的名字，太太們常常會脫口而出：認識那個人有什麼用？

由此，你的與人平等交流而滋生的興致因爲這一問而丟得一乾二淨。

可是人生需要的是有趣啊，而不僅僅是有用！

朋友素雲是個有生活情調的人，廚藝也好，常常請我們去她家裡做客，她的菜做得好吃，而她那些用來盛菜的精美的盤子更是令我們稱道。一桌子佳餚，不同的盤子盛著不同的菜，每一道都像藝術品，讓人不忍動筷。她說，我們吃的就是一種美好的情調，所以，精美的盤子是必須要有的。這時我們注意到，盤子只是冰山一角，她生活裡這種細節上的精緻之美隨處可見，比如沏茶，她甚至比茶藝師更有耐心，大費周章地把一杯水倒來倒去，對於不善品茶的我來說，最終也沒能品出那茶在這種反覆折磨裡又多出幾縷香來，倒是她優雅的姿態，令她整個人看起來熠熠生輝。她讓我明白，人生中很多重要的東西，看似都沒有什麼用。那些琴棋書畫詩詞歌賦，那些風花雪月閒情逸致，那些大自然徒步漫遊，那些一杯茶一本書消磨一下午的閒散時光，帶不來錢，換不來名和利，好像眞的都沒有什麼用，可是它們卻換來了心靈的愉悅，讓人生變得有趣。寫作更是如此，坐在電腦旁，不停地敲擊鍵盤是有用的。陪老人聊天，與陌生人搭訕，失神地望一朵雲，看一朵花，這些事情看似無用，其實大爲有用，這是靈感的源泉，正在湧動。

大多數人都是實用主義者，在他們眼裡，實用卽准則。可是莊子在二千多年前就說過：「人皆知有用之用，而莫知無用之用也。」無用之用，方爲大用。

生而有趣，才是有用地活著。日子交付到我們的手裡，就是讓我們珍惜和點亮的。把每一個尋常的日子過得生趣盎然，眼中有美，心中有愛，卽便萬事有憾，也定有餘情繞心。

祕訣02——一廂情願，就要願賭服輸

有些女性會有自欺欺人的毛病，自己喜歡的人是她們幻想中的救命稻草。給心愛的人傳訊息，沒回。心理一般是這樣變化的：十分鐘內，他一定是在想該怎麼回；半小時，他大概有事，不方便馬上回；一個小時，開會，或者他的地方收訊不好，沒辦法回；兩個小時了，出去了，沒帶手機，或者手機沒電了；再長，一夜，一兩天，他回了，只是我沒收到，手機卡的問題……你看，多會自我安慰，其實眞正的事實是——那男人已厭倦她，完全不想回她的訊息，哪怕連一句代表著準備離開她的「我很忙」都不肯回。

所以說，女人許多時候是和自己的影子在談戀愛。

一個女孩從遙遠的地方來看在北京打工的男孩，臨走之前，男孩信誓旦旦地和女孩說，每天都會傳訊息給她。可是一晃半個月沒有訊息了。女孩追來北京，擔心男孩出了什麼意外。在一個火鍋店旁邊，她看到男孩和一個花枝招展的女孩在吃飯，很親暱，男孩不停地餵著那女孩吃東西。

她那麼傻傻地看著，眼淚都結了冰。

男孩看到了她，顯得有些慌亂，可還是跑了出來，對她說，不是她想的那樣的，那女孩是老闆的女兒，他不敢得罪，只能陪著，這也是他的工作之一。他擁抱著她，讓她回家好好等著他，他會給她一個美好的將來。

女孩竟然順從地點了點頭。那散發著火鍋味的懷抱，足以使她畫餅充飢，就這樣忍受嚮往著純潔的愛情。

張愛玲說：有時候，我們願意原諒一個人，並不是我們真的願意原諒他，而是我們不想失去他。不想失去他，唯有假裝原諒他。

這無異於感情世界裡的掩耳盜鈴。

這世上，有多少一廂情願的女人，就有多少自欺欺人的愛情。掩耳盜鈴也好，畫餅充飢也罷，都是自欺欺人的獨角戲。

美夢醒來，就像窩裡的狐狸被扒光了皮毛。

自欺欺人是你自己在撕爛自己的好時光。

有那閒工夫，都不如給你的寵物狗洗個澡。種幾株玫瑰，泡幾杯咖啡，煲一碗營養湯，炒幾個小菜，慰勞一下自己的身心，何嘗不是你最好的時光。

與其自欺欺人，不如修補好你斑駁的時光，讓日子充實而愉悅。

可是塵世的人，就是這樣固執。多少人握著自己的筆，卻在抒寫別人的情感。多少人按著自己的心，卻在揣測別人的心跳。即便時間停止了，仍然不忘記來一句自欺欺人的話——那是因爲時針愛上了分針，再也不想分開！

祕訣03

沒有走不完的路，只有走不下去的人

我的少年時光很短，最起碼我自己這樣認爲。

我說它短，是因爲本該去享受的少年時光被我自己掐斷了。

因爲學習成績一直很好，也因爲我的倔強和高傲，聯考的時候只報了唯一的一個志願，那就是重點明星高中。我對所有人說，重點高中是我的囊中之物。結果老天弄人，差一分而敗北。那一刻，我彷彿看見所有人眼睛裡都有一把嘲弄的匕首紛紛刺向我，讓我無處可逃。

老師來勸我重考，父母也勸，可是我哪裡還有臉回到學校，除非讓我戴上一個大大的面具用來遮羞。

我沒有選擇重考，而是走了另外一條坎坷的路——自學。

那時候的我經歷著「最落魄」的青春。我的語文老師劉季夫知道後，讓我加入他的文學社，鼓勵我進行文學創作，那是我最早接觸的文學天地。一篇篇小文章經過他的修改，在當地的小報上發表，從此，我的文學之路開始了，雖然艱辛，卻無比欣慰。在最苦的時日裡，在那個冷冷的臥室裡，我的手因爲長時間拿筆而被凍成了饅頭的形狀。

總是在母親起床做飯的時候，我才睡下。像作家路遙一樣，我的早晨，也永遠都是從中午開始。

可是後來季夫老師生了病，文學社解散了，我的世界一下子又暗了下去。

母親倒是支持我，她說，既然選擇了這條路，就堅持走下去吧。堅持，這是母親最本眞的鼓勵吧，沒有一點煽情的意味。「不過，」母親接著說，「買稿紙和郵票的錢要你自己去賺來。」

是啊，不工作，一直這麼靠父母養活，我心裡也愧疚，一咬牙去了父親的工廠當了一名學徒工，白天工作，夜裡寫詩，靠著一種青春的激情，竟不覺得累。

只是，我投出的稿子總是石沉大海無消息，這讓我不禁有些動搖了。

還是母親，還是不帶半點煽情味道的鼓勵：「**世界上哪有那麼容易成功的事，堅持住，總會有成果的。**」

我便選擇繼續堅持寫下去。那個時候，我喜歡看書，可是家裡那幾本書都已經讀得稀爛，做夢都是關於偷書的，夢見自己偷偷地潛入書店，把書店裡的好書裝了滿滿幾麻袋偷走，睡夢中露出貪婪的微笑。

和母親說起我的夢，母親笑笑沒說什麼。週末的時候，她領我去書店，讓我挑喜歡的書。我不敢相信，節儉的母親爲了鼓勵我寫作，竟然可以給我買那麼多的書。像是托爾斯泰的《復活》《戰爭與和平》、雨果的《悲慘世界》、羅曼．羅蘭的《約翰．克利斯朵夫》等名著都是在那個時候得到的。我如飢似渴地讀著，忘我地走進小說的世界裡。從《悲慘世界》中，我知道了原來人間還有那麼巨大的苦難和不幸，人如果要作惡，可以惡到什麼地步，而人如果決心行善，又可能產生多麼偉大的精神力量；從托爾斯泰的《復活》中，我學會了用解剖刀一般鋒利的目光審視周圍人的道德，同時也用嚴格的尺度審視自己的心靈；從《約翰．克利斯朵夫》中，我感受到友誼的溫馨、愛情的迷人和牽魂動魄的藝術的價值和力量。

我的文學之路從那個時候開始變得堅實了許多。

又一次收到退稿的時候，不敢面對母親熱切期望的眼神。正是年底的時候，母親在灶臺上給我們炒花生果，一邊炒，一邊對我說：「不急，你看這花生果，要多翻個幾次才能熟呢！**人不也一樣嗎？受些煎熬和苦楚，有什麼大不了的！**」

聽後我深有感觸，是啊，有什麼大不了的，我還不信我的文字變不了鉛字呢！

終於，一年後的某一天，我的文章發表了，而且還是被收錄在《散文》這樣的大雜誌中。母親向我表示祝賀的方式一樣沒有半點煽情意味，只是遞給我一把炒好的花生果。我剝了皮，吃了一個，真香，炒得恰到好處。

這一次母親沒有說話，但我永遠記住了母親關於炒花生果的那一段妙語：要多翻個幾次才能熟呢！

迷茫、困惑……什麼都不要怕，要成長，要成熟，就得在生活的熱鍋裡多翻幾次呢！

他人所謂的高枕無憂，不過是準備充分

早上等車通勤的時候，一個同事大汗淋灕地跑著追過來。上了車，他和我們說起遲到的原因。

他說早上本來起得挺早的，洗完臉吃完飯還有一段時間，他便優哉游哉地看起電視來。他很久沒起這麼早了，覺得時間寬裕些真好，不必再火燒屁股一般忙亂。

因爲時間充裕，他一直顯得很悠閒。還剩五分鐘的時候，他穿好衣服剛要下樓，發現一粒扣子掉了。這下壞了，馬上要到點兒了，現補扣子明顯來不及，只好重新換了一套衣服，時間緊了，節奏一下子變得慌亂起來。

剛開始的那點悠閒時光，因爲一粒扣子的掉落而重新被打亂。

一粒掉落的扣子攪擾了一個早晨的從容！

人生總有很多事是始料不及的，你不能確定下一秒會發生什麼，所以，我們要盡量做到「未雨綢繆」。

盡量做到在那枚扣子沒掉落之前，先把它補牢。這個扣子就是生活的一個象徵，它可以代表生活中的一些令人煩惱的小事，那些尾隨而至甩都甩不掉的雞毛蒜皮，這些小事擾亂了我們的早晨，甚至擾亂了我們一生中的很多歲月。

其實，我們只需提前哪怕五分鐘穿好衣服，那麼這個早晨依然是個從容優雅的早晨。一切就都沒有改變，還是那般美好愜意。

給生活一個提前時光，就是給心靈騰出了一個操場，讓它可以有一個做早操的時間和空間。

當下的俗世有太多斑斕、太多誘惑、太多選擇，而我們能做的只是提前準備好自己：提前準備好健康的身體，提前準備好向上的心態，提前準備好堅強的意志，提前準備好樂觀的心情。生活不是生存，但是生活的最根本卻是要活著。時時刻刻準備好最巔峰狀態的自己，才能不被生活所選擇，而去自主選擇生活。

同事在早晨掉落扣子的事情，如果發生在另外一個人身上，或許還可以有另外一種發展軌跡——這個人卽便看到扣子掉了，也沒慌亂，仍舊穿著它去上班了，結果自然是被人扣了一頂「不修邊幅的邋遢鬼」的帽子。這對他人生的負面影響必然會更加深重。

所以，不管換成哪種故事情節，都改變不了灰色的結局。可見給自己的心一個足夠的提前時光是多麼重要。

因爲人生就是這樣無常，一粒扣子，看似縫得結實牢靠，但你永遠不會知道，它將在什麼時候掉落。

祕訣05

活著的時候開心點，因為要死還很久

樂聖貝多芬臨終前一邊惋惜不能再喝好酒，一邊對周圍的人說：「朋友們，鼓掌吧，喜劇結束了。」同爲作曲家，布拉姆斯卻只要是好酒就一律來者不拒，痛飲一口萊茵河葡萄酒，說句：「果然名不虛傳呀！」倒頭便去了天堂。這兩個在音樂王國中君臨天下般的人物，用一生不斷地珍藏著美酒，這些美酒被密封在一個叫作苦難的罐子裡。他們的一生充滿苦難與悲涼，但他們在臨終前依然在用輕鬆的節拍和戲謔的樂趣一點一點地消解著生活的悲痛，爲我們驅趕著生命中一個個不祥的惡夢。

他們活在過去，那些黃金歲月的每一天，至今仍在時間的大河裡滔滔作響。他們也曾有過絕望的時刻，有過對似水年華的深深追憶；也曾有過迷失的時刻，無法在生命的鏡子中照見自己；也曾有過被女人蔑視了愛情的時刻，有過滲著血的懷念；也曾有過無法聽見聲音的時刻，世間黯淡無光……他們無法阻擋被洶湧的歲月更快地帶到暮年，但他們會使悲哀成爲音樂，成爲火熱而又淒切的旋律，在每一個空虛的夜晚，反覆來到世人無知的耳邊。

在音樂史上，貝多芬是繼海頓、莫札特之後的古典主義與浪漫主義的橋梁。他於一七七〇年十二月生於德國波恩。其父親看出小貝多芬的天賦，想把他培養成第二個莫札特，所以堅持讓貝多芬學習鋼琴。一七八七年，來到維也納的小貝多芬被莫札特發現，並說：「好好看著他！不久他將驚擾世界呢！」貝多芬沒有讓莫札特失望，最終成了與莫扎特齊名的作曲家。在音樂史上，貝多芬的音樂是英雄心的表現，是其偉大靈魂的特徵。他用傲岸的氣質與絕大的自負心來同世界見面。他反對僅僅討人喜歡的藝術與女性氣的趣味，而忠於冥思苦想，以至譜曲時滿頭大汗。

爲什麼在貝多芬的音樂中有如此多的英雄主義的樂思呢？這與他的經歷不無關係。從一七九六年起，他的聽覺便開始減弱，這時他的音樂生涯未到後期。在與同行的隔絕中，在自嘆命運悲慘中，他立志繼續與命運做鬥爭。於是一大批偉大的交響樂作品問世了，其中《第九交響樂》是在他全聾的狀態下出世的，這更體現了這位英雄「要扼住命運的喉嚨」的悲壯氣質。

談到貝多芬的英雄主義氣概，不能不使人聯想到《命運交響樂》。一八〇七年是貝多芬一生中比較悲慘的時期，耳聾的命運已經確定，與「不朽戀人」的婚約又遭破壞。種種悲劇最終爆發成《命運交響樂》。貝多芬卻依然勇敢地戰鬥著。在給友人的信中，他寫道：「我已經決心和自己的命運盡力戰鬥，無論如何不願自己破滅。」這就是《命運交響樂》第一樂章的樂思。

死亡如同黑夜，是每個人的必經之路，但它的終點永遠是個未知數。

人終將回到一個寧靜的世界，也許是帶著乾淨的靈魂，也許是帶著一生的罪孽，但誰又能知道在另一個世界的命運呢？未知世界永恆的沈默助長了人間苦難的深度。烏克蘭鋼琴家里赫特在晚年一臉惘然、神情呆滯地說：「我已經厭倦了，我討厭自己。」他已經走到了黑夜的盡頭，放棄了所有的幻想。

同樣是音樂中的精靈，貝多芬和布拉姆斯在臨終時會痛飲一口葡萄酒，而裡赫特則蒙上了自己的雙眼，等待死亡的召喚。如果他們同在天堂，貝多芬和布拉姆斯會繼續在音樂中暢飲葡萄酒，而音符將再也無法注入裡赫特的心，因爲他在死亡的同時把靈魂丟失了。

「燈亮了，我聽到了聲音。有人在奔跑，在絕望地呼號。然而在另外的地方，有成千上萬的孩子正在出生，成千上萬的婦女將成爲母親：生命並不止於你和我。你死了。我恐怕也要死去。但這無關緊要。因爲生命並沒有死去，它存在，生命存在著。」

人總是無法避免死亡的，即使你長得漂亮也不行，即使你手裡握把丈八長矛也不行，即使你有宮殿、有汽車、有學問、有眞理也不行。無論你曾經是在銀行裡取了巨款，還是吃過蟠桃、芒果之類，還是在痴情的床上升入了仙境……總有一天，人將再也站不起來，再也無法知覺什麼，再也與這世界無關了。但當那永恆的休息、最終的黑暗到來的時候，罐子被打碎，美酒的醇香卻歷久彌新，就像大師們的音樂和靈魂，彌散在後世的天空，征服著他們的臣民。

不由得想起了一個詩人瘦骨伶仃的詩句：

瞎了 他能看見風景

聾了 他能聽見音樂
死了 他能走向回家的路途……

痛苦不能避免，卻可以縮短

隔壁新搬來一個租戶，是個以出苦力為生的人，一個離婚男人，帶著一個八九歲的孩子辛苦過活。不用猜就知道，女人是因爲男人窩囊，賺不到錢才和他離婚的，這年頭，誰願意守著貧窮過一輩子？

男人沒讀什麼書，只好每天扛著個大板去蹲站點，給人家卸車、搬貨，賺點血汗錢。景氣好的時候，一天能碰上三四趟工作；不好的時候一趟沒有，男人就蹲在那裡，抽著自己卷的煙，並不顯得十分焦急。偶爾也會放上棋盤，和別人殺上幾盤，不管輸贏，都會發出一陣陣爽朗的笑聲。

生活再辛酸，竟也看不到他臉上有一絲愁苦。

每天早市結束後，他會去那裡撿一些小販們扔掉的蔬菜，他替小販們清掃了垃圾，小販們偶爾也會把沒有賣完的好的蔬菜送給他一些。每天，他給孩子做出的飯菜都很可口，孩子吃得飽穿得暖，竟一點也不像個沒娘的孩子。

這個孩子，傾注了他全部的心血。他說他活著的全部意義，都是爲了這個孩子。孩子也很爭氣，在班級裡考試從來都是名列前茅。

一個下了大雪的週末，因爲沒有工作，他提前回來了。手裡拎著兩條秋刀魚，看見了我，熱情地邀我過去喝兩盅。拗不過他的熱情，我只好自備了一些酒菜，來到他那個簡陋的家。

那天晚上，他喝得有些興奮，禁不住哼起了小曲。我有些難以理解，這大雪一下就是好幾天，沒工作做了，他怎麼還能高興起來？不知道他是說的醉話呢還是清醒著的，反正對此，他自有一番「高論」：正因爲如此，我才應該快樂啊，你想，本來明天就會是痛苦的一天，如果今天也跟著痛苦，那我豈不是賠了，兩天都不快樂呢！

要說他今朝有酒今朝醉，不爲明天考慮，不懂得未雨綢繆，也不是客觀的。因爲他省吃儉用賺下了一些錢，就是爲了保證孩子上學的。

想想也眞是這個道理，**痛苦不能避免，卻可以縮短**。比如昨天剛剛經歷了一場痛苦，那麼今天就要趕緊調整心態，快樂起來。不能因爲昨天的痛苦而影響到了今天；比如明知道明天會有痛苦的事情發生，那麼今天就要快快樂樂的，而不是爲即將到來的痛苦而痛苦，這樣痛苦就只有一天。

縮短痛苦，從另一個角度來講，其實就是在延長幸福。

祕訣07

鬆開手有時比握緊更有力量

生活不會等你，但它會迎接你。

作爲一個年近半百的人，越來越信賴手邊的老花鏡；而對身邊的一切，卻開始模糊和淡忘。年歲見長，便越害怕失去，越怕失去，就越是頻繁地發生一些令人猝不及防的事。比如疾病，比如噩耗。

患有阿茲海默症的愛麗絲，是電影《我想念我自己》（Still Alice）中的主角，她的那一段關於「失去」的演講，令人印象深刻——

詩人畢曉普（Elisabeth Bishop）曾寫道：失去的藝術並不難掌握。太多事物彷彿準備好，離我們而去。那麼這樣的失去，也並非災禍。

我並不是詩人。我只是一個患有早發型阿茲海默症的病人。這個身份讓我開始學習失去這門藝術。我失去了優雅，失去了目標，失去了睡眠，而失去最多的則是記憶。

我的一生積累了各種記憶。從某種意義而言，它們已經成了我最珍貴的財富。我與丈夫相識的那個夜晚，我初次拿到自己編寫的教科書之時；我生兒育女，結交摯友，周遊世界。此生積累的點點滴滴，拼命付出後的收穫種種，如今都在與我漸行漸遠。也許你有所了解，或者你可以想像，這種感覺如同深陷地獄，並且逐漸惡化，越陷越深。

當我們變得與過去的自己大相徑庭，還能有誰認真相待？我們舉止怪異，談吐結巴，變得讓別人大跌眼鏡，甚至讓自己都感到陌生。我們變得滑稽可笑，變得笨拙無能。但這並不是真正的我們。只是這種疾病把我們變成了這副模樣。和所有疾病一樣，這種疾病也有根源，有發展，也一定會有辦法治癒。

我最大的心願就是，這種境遇不會在我的孩子，我們的孩子，我們的下一代身上重演。但是至少此時此刻，我還活著。我知道，我還活著。我還擁有我愛的人，我還擁有要在有生之年完成的夢想。我因為自己無力維持記憶而自我責備，同時我也擁有著純粹的幸福時光。請大家不要覺得我在備受痛苦折磨。我沒有遭受痛苦。我只是在奮力抗爭，讓現在的自己盡量存在於生活，讓過去的自己盡量存在於現在。

於是我告訴自己，活在當下，珍惜現在。

……

這是一部講述「失去」與「擁有」的電影。愛麗絲因爲疾病而在慢慢失去她的記憶，從她開場時風趣的語言運用，漸而到單詞拼寫遊戲的失分，將大女兒的名字安娜（Anna）錯寫成安妮（Anne），反覆詢問家人同一問題，再退化到難以有效訴說想法，繼而到無法自如地穿衣繫鞋帶等。特別是對於經歷過類似折磨的個人或家庭來說，影片中此類的大量刻畫更觸動人心。尤其是在愛麗絲手腳不俐落卻想抱抱出生的孫子，她女婿略顯擔憂地詢問大女兒的這一幕時，更是讓人唏噓感慨。所幸的是，愛麗絲的家人都向其投以各種關愛、耐心與信任。失去記憶的愛麗絲，一樣可以享受與家人在一起的幸福。

如果說記憶是愛麗絲的「失去」，那麼愛就是愛麗絲的「擁有」。

誰也不想將厄運披在身上。環顧四周，很多人都在瓦礫堆裡奮力往外爬。但生命只能靠自己站立。

美國著名詩人愛默生說，即使你斷了一條弦，其餘的三條弦還是要繼續演奏，這就是人生。

過去，不過是你斷了的一根琴弦。

一切都在慢慢失去，那只是證明，你曾經擁有過。

就像一件脫掉的睡袍，你失去遮蔽，卻可以換來最舒服的睡眠。

要學會接受「失去」，鬆開的手，有時候比握緊更有力量。

每個人的生活裡都會有煩惱，哪怕再澄明的日子，也有雞毛和塵屑。那就努力把雞毛做成撣子，把塵屑灑成沃土！

既然生活的布幕不能放下，那就請用其餘的三根弦，繼續演奏。

等待 NOTE

我們時常專注於自己所失去的，
而忽略自己所擁有的。
無須執著當下，
要學會接受「失去」，
鬆開的手，有時候比握緊更有力量。

所謂有教養，就是不亂碰他人的人生

朋友離了婚，又不幸得了很難纏的病。有一次在醫院，我幫他在臉盆倒入熱水，就有要事臨時離開了，他自己洗臉洗腳。回來的時候，朋友和我訴苦，說被一個女人折磨得要發瘋了。

原來，在我離開的時候，病房裡來了幾位探視病人的人，一個大約五十歲的中年婦女看見他手腳不俐落的動作立刻像發現了新大陸一樣走過來，站到朋友面前大發感嘆，仔細詢問，比如什麼病？多少年了？爲什麼不早治？你家怎麼沒人陪你？出於禮貌，開始朋友一一回答了她的問題，但她仍沒有停止說話，也沒有走的意思，朋友便閉口不再說話。她目不轉睛地看著朋友笨拙的舉止又開始嘆道：「你這麼年輕，怎麼得這種病，好可憐啊！」

朋友說，那一刻覺得她很厭煩，眞想把盆裡的水掀翻。他說，許多時候對於那些誇張的表情、很響的嘆息和沒完沒了的問詢，他都盡量禮貌地對待，他們眞的並無惡意，只是無法體會他人的心情。但有時面對這種場面又不得不一次次落荒而逃，因為他實在不想把自身的痛苦一遍一遍地重複。

相反，另一件事情卻令朋友大爲感動。每天早晨，朋友都會拄著雙拐在醫院的花園裡散步，他總會碰到一個來這裡晨練的老人，每次看見他的時候老人並不說什麼，只把一隻手握成拳頭對他晃一晃，做一個堅持的表情，然後就走過去了。每次都這樣。朋友能領會老人的意思，這是鼓勵他學會堅強，因此心裡感到非常溫暖。每次，他也只是對老人笑一笑，並回以一個握拳的姿勢。接受這種同情朋友一點也不感到難堪，心裡反倒充滿了感激的溫情。

同情和憐憫本來是一種善良的心理，但如果表達不當會讓人難以接受。給人一個握拳加油的姿勢，總比撕開別人的傷口要好，善良更需要體諒和理解，如果不顧別人的自尊，只顧自我的感情抒發，只會帶給別人傷害。**因爲別人要的，首先是自尊，然後才是溫暖**。

日本有位張愛玲的崇拜者——吉田豐子女士，有過比較豐富的情感經歷，希望把這些經歷無償提供給張愛玲。張愛玲拒絕了，因為她「不喜歡亂碰他人的人生」。吉田豐子沒有生氣，她說：「我覺得我如果能成為她小說的原型人物是件光榮的事，但張愛玲女士不喜歡亂碰他人的人生這種謙虛的精神，令我更加感動。」

不亂碰別人的人生，尤其是不隨便提及別人的苦惱，這是唯有很能理解別人痛苦的人才能做到的。張愛玲正是這種人，她不隨便同情和安慰別人，卻能理解和分擔別人的這種痛苦。張愛玲的文字之所以能扣住人心，被大家喜歡，大概就是由於此種精神。

每個人都有自己的生活，個中滋味別人無法領會。那麼，**在沒有走進另一個人心靈世界的時候，請不要亂碰他人的人生**。

Chapter 5

相信：要永遠相信，美好的事情即將發生

「在這般平凡乏味的世界裡，
偶爾也會發生如故事書情節般令人歡喜之事，
多麼令人安慰。」

——《小婦人》——

接受眼前的失望，但不放棄希望

遠處的泥澤裡，我突然看到一條掙扎的魚，更準確說是抖作一團的泥土，或是一節被遺棄的乾枝，或是蚯蚓。當我用手將它捏起來時，發現它軟綿綿的，的確是一個生命——一條漏網之魚。應該還能活，我輕輕地將它送入水中，沒有告別，也沒有回頭，只是一個蕩漾的水波就不見了。

之後是第二條，跟牠一樣的命運，因爲抖動而沒有逃過我的眼眸。如果不掙扎，牠們就會沒入泥土，永遠停止呼吸。感謝那一次掙扎吧，雖然那個過程是多麼艱辛與疼痛，但最終還是等來了我的注視！

朋友和我說起過他接到大學錄取通知書那年的一些往事，這令我記憶猶新。他說，接到錄取通知書是讓全家甚至全村都興奮的事情，可是學費卻愁壞了家裡人。

父親東挪西借最後還是差很多，情急之下想到自己家裡的一門遠房親戚。那是一個富戶，平日裡沒少做耀武揚威的事情，父親是個正直憨厚的人，看不慣他這樣的作風，好幾次還當著很多人的面頂撞了他，這讓那富貴親戚很沒面子，心情極爲不爽，所以兩家幾乎也就沒什麼走動，親戚間的關係也就名存實亡了。父親硬著頭皮去了那親戚家，卻無功而返，錢沒借到反而受盡了奚落。「你不是有骨氣嗎？有骨氣就別來和我借錢啊！」這是不用想都能猜得到的富貴親戚要說的話。

「我再去一遍，多說點好話吧，就不信他還能一點不看這親戚的面子啊，再說，我的小孩上了大學，以後就是體面的人了，他們也總有求我的時候吧。」父親胡亂吃了一口飯，跺跺腳，彷彿給自己下了很大決心的樣子，又一次推門走了。

親戚知道他們家窮，還是不肯把錢借給他們，任憑父親說盡了好話。父親灰頭土臉地回來，蹲在牆角，一口一口地抽著悶煙。母親也縮在床頭暗自垂淚。朋友心疼父母，對他們說這個大學他不想念了，要出去打工賺錢。父親當時就火大了，對他說，你只管念你的書，錢的事他來想辦法。然後把煙袋鍋往鞋上敲了敲，壯士斷腕般悲壯地說：「我最後再去試試。」父親又出發了，披星戴月，再一次去走那十多里的山路。看著父親微駝的背影，步履蹣跚地走在夜色裡，朋友說他當時的心如同被剜割一般疼痛。

將近凌晨的時候，父親回來了。他是一路小跑著回來的，看父親那興奮的神情，他知道肯定有好消息了。果然，這一次父親眞的借到了錢！母親揉著紅紅的眼睛，有些不敢相信地看著父親，父親掐了一下母親的胳膊，母親才知道這不是做夢，趕緊給父親煎了個荷包蛋，犒勞他這一夜的奔勞。

過了許多年後，他家的那個親戚對他說起這件事，說他有一個偉大的父親，爲了他，什麼臉面都不顧了，甚至不惜下跪！

朋友說，父親一輩子顧及自己的臉面，下跪的那一刻，他的內心該是怎樣的掙扎啊！他說那一天那三次借錢的路途，比唐僧西天取經的路途都要遙遠，父親每一次出門都是一種掙扎！他在心底永遠記著，他感謝父親的一次次掙扎，換來了他今天的好前程。

我曾在報紙上看到一則新聞，一個被誤以爲死亡了的老人被裝進棺木，可是他半夜裡醒來了，發現四週一片靜寂。他以爲自己來到了陰間，這時，他聽見了兒女們的哭聲。他知道自己還活著，就拼命地敲打棺木，可是棺木太厚了，那聲音很微弱。但是他一直沒有停止呼救，連續敲打了近五個小時才有人聽見，把他救了出來。他「死而復生」，又多活了十二年。

如果沒有那持續不斷的掙扎，恐怕他早已命喪黃泉了。

並不是故意渲染苟延殘喘的特別含義，只是想說，**沒到最後一刻，就不該放棄**。

當世界所有的燈都滅了，你想，就要離去了吧，不會再有任何一盞燈爲你點燃，但是你錯了，**人間的燈火就是那樣反覆無常，說不定何時爲你點亮，只要你再堅持那麼一下，哪怕是掙扎也好**。無論多艱難，在人間處處都有，柳暗花明的戲，在塵世亦會時時上演。

就像那條瀕臨死亡的魚，用一次次微弱的掙扎，終於令一盞慈悲的燈爲它亮起。

相信02

當你意識到自己錯了的時候，你就開始對了

二十六歲那年，我做了一件令自己一生都耿耿於懷的壞事。我和阿明是同一年進工廠當學徒，十年了，由於勤奮好學，我們兩人都獲得了工廠主管的認可。工廠裡決定在我們兩人之間選一個當生產研發主管。我心裡清楚，阿明比我聰明，不管做什麼都比我做得快，品質又好。出於嫉妒，我給廠辦寫了匿名信，誣告阿明有生活作風問題。那個年月，這是個不能再大的問題了，這封信導致了阿明沒有當上這個生產研發主管，順理成章，那個位子歸我了。

一晃幾年過去了，這件事成了我的心病，折磨著我。由於心懷愧疚，我最後還是忍不住向他和供出了我當年的不堪行爲，希望獲得他的原諒。

那日，我們喝了好多的酒，他並沒有過多地責怪我，他謙虛地說他工作還行，但是當

主管確實不是那塊料。

看著我痛苦懺悔的樣子，他微笑著拍拍我的肩膀，說：「走了歪路，做了錯事，就一定是壞人了嗎？」

然後對著我搖了搖手指說：「不，只要他能回過頭，重新去走一遍光明的路。」

令我想不到的是，他竟然和我提起了舊日裡的一塊「傷疤」——一次「打劫」的經歷。

那時他只有十六歲，父母雙雙出了車禍，剩下他一個人到處流浪。有一次他三天沒吃到東西，餓得不行，就動了「打劫」的邪念。他身子瘦弱，又是個孩子，所以只好挑女人和老人下手。

臨近傍晚時分，他終於等到了一個適合下手的對象，那是一個老人，而且穿著挺光鮮的，一看就不是窮人。他拿著一把生鏽的水果刀，對著那老人吼，讓他把錢交出來。他的臉上全是汗水，那樣子，比被打劫的人還要害怕。

老人不敢怠慢，把衣服口袋翻了個遍，卻只翻出幾十塊錢來。

不管多少了，夠買吃的填飽肚子就行啊。繼而有些悲傷起來，眼看著這些年的清白，就這樣輸給了飢餓，他心有不甘。轉身的時候，他忽然就回過頭對老人說：「假如，現在你可以給我一個麵包，我就把所有的錢還給你。」

「這好說。」老人看有了轉機，急忙說可以爲他去買。他就把錢如數還給了老人。老人走掉之後，他就後悔了，他想老人肯定不會回來的，更嚴重的是，如果老人報了警，後果更是不堪設想。想到這兒，他覺得還是趕緊離開這個是非之地爲妙。就在他剛要走的時候，老人回來了，給他買了一大堆吃的喝的。

他顧不得多想，狼吞虎嚥地吃著，吃飽喝足之後，一個勁兒地向老人道歉，說他實在是餓得不行了，才這樣去做。「如果有來生，我寧願做一個碗，每天都盛著滿滿的飯。」他無限感慨。

「剛才你完全可以不回來的，而且分明有機會報警，怎麼沒有那樣做呢？」他忍不住問老人，並有些自嘲似的說，「那樣就好了，最起碼在監獄裡有飯吃」。

老人微笑著說：「我剛才也是猶豫不決，內心一直在掙扎，我在想要不要去報警。如果不報警，我買一次吃的給你，你有了力氣，會不會繼續搶劫呢？可是如果報了警，可能你的一生就毀了。最後，我決定冒一次險，給你一次機會。還有就是我心疼你。我家的孫子也快有你這麼大了，他還在上學，你卻在流浪，人的際遇各有不同。我知道，你也是迫不得已。人在飢餓難忍的情況下，難免會做出一些錯事來的。這點兒錢你就拿著吧，別餓了肚子，回頭我去找找管委會，看能不能幫你找點兒事情做，總這麼流浪也不是辦法。」

阿明愣住了，沒想到自己打劫的人不但沒有怨恨自己，反而願意幫助自己，難道自己遇到了一個聖人嗎?他開始不停地抽著自己的嘴巴，「我是畜生。」巨大的悔恨讓他不得安生。

老人拉住他的手，「不，**你是人，不是牲畜，任何時候都不要侮辱自己。這世上，沒有人可以保證一輩子不做錯事**，不小心走了歪路，也是腳，不能叫蹄子。」

是啊，腳和蹄子的區別就是，腳是人的，而蹄子是牲畜的。

後來，老人找管委會的人幫忙，把阿明安排到了我工作的那個工廠。碰巧，我們是同一天進廠的，而且在同一個車間，只是，到今天我才知道他是個孤兒，才知道他走的這一段「歪路」。他對我說起這件事，是想告訴我，**偶爾走了一段歪路不怕，只要懂得回頭，**

重新走就好。

老人給了阿明一把寬容的尺子，阿明也同樣給了我一把，我們用它丈量人生，把生命的路標規劃得筆直而通暢。

相信03——面子是別人給的，但臉要靠自己去爭

以前看過一部叫《零錢》（Small Change）的德國電影，這部電影令我印象深刻。

在一個高樓林立的街區裡，有一個跛足的老乞丐，每天都倚著一根柱子，站在路邊乞討。他頭髮蓬亂，表情木訥，總是瞪著一雙深陷的眼睛默默地注視著過往的行人。他的手中拿著一隻變形的紙杯，行色匆匆的行人中，常會有好心人駐足掏出零錢放入紙杯中。他從不哀求別人施捨，對施捨的好人，也從不道謝，連個謙卑的笑臉都不給。

史蒂夫是個成功人士，他擁有自己的公司，擁有豪華的寫字間，擁有高檔的轎車。他每天下班走過乞丐身邊的時候都會掏出一枚零錢扔進乞丐的紙杯中，這已成了慣例。乞丐注意到這位成功人士的車，由於地下車庫尚未修好，只好露天停在附近的空地上。也許是爲了感謝這位每天都施捨給他的恩人吧，他默默地爲這位恩人擦起了車。這一切都被史蒂

夫透過落地窗看見了，不知是於心不忍，還是怕乞丐沾上了他，抑或不想欠這位可憐人的人情，在下班走過乞丐身旁時，他在照例往紙杯中放入一枚硬幣後還惡狠狠地對乞丐說：「這錢是送給你的，不是擦車的工錢，請你以後不要碰我的車！」乞丐什麼話都沒說，第二天還是執拗地爲他的恩人擦車。

於是史蒂夫還是每天給乞丐一枚零錢，乞丐每天都爲恩人擦車。這似乎成了兩個人生活中的必修課。史蒂夫在閒暇時，會舉著高倍望遠鏡站在落地窗前觀望乞丐給他擦車，鏡頭中的乞丐擦車是那麼賣力，連反光鏡中的一個斑漬都不放過。

可是有一天，當史蒂夫下班掏出錢包準備拿零錢給乞丐時，卻發現沒有零錢。他覺得像欠著乞丐的債似的，居然無法從乞丐面前堂而皇之地走過。不過，企圖靠行人身軀掩護自己逃跑的成功人士還是被乞丐發現了，他一反常態地舉著紙杯追了上去。史蒂夫憤怒了，開著車子絕塵而去。儘管從反光鏡中看到乞丐摔倒在地上，卻連油門都沒有鬆一鬆。

一連幾天，史蒂夫的車都沒人幫他擦，他的車上積滿了灰塵。每天下班時那根柱子前，再也看不見乞丐的身影了。有一天下班後，他再也憋不住了，開著車子穿街走巷尋找那位乞丐。終於在一個鬧區，他看到了那個熟悉的身影。當他拿著一張大面額的鈔票迎上去的時候，乞丐卻冷冷地看了他手中的鈔票一眼，嘟囔了一句「對不起，我要的是零錢」，然後傲慢地背過身，快步走開了。

這部影片很短，只有十五分鐘，給我的思考卻很長很長。

施捨者有憐憫之心，乞討者有感恩之心，其實他們之間並不矛盾。也正是這兩點讓史蒂夫和乞丐彼此之間互相關注著，吸引著。可是，偏偏這乞丐卻沒有尊嚴掃地，沒有喪失人格，他依然覺得受人恩惠，應當回報。當施捨者剝奪了他回報的權利，他覺得自尊受到了傷害，於是他就只能選擇躲避。當施捨者曲解了他的意思，給他大面額鈔票時，他覺得人格受到了侮辱，便選擇了拒絕。

史蒂夫的心裡是有憐憫的，但卻缺少感恩，他從不認爲乞丐爲他擦車子是值得感激的，相反卻有些厭惡。而乞丐透過擦車這個唯一可以做的事情在表達他的感恩之情，同時，也可以偶爾憐憫那位成功人士——最起碼他也有沒有零錢、倉皇逃遁的時候。

正因爲如此，史蒂夫深深領悟到，那個乞丐不是斷了脊梁的癩皮狗，他在他的心中漸漸挺拔起來，因爲他是有尊嚴的。

除了這部電影，我還看過三個關於零錢的報導：

一個說的是香港富豪李嘉誠。他曾經不小心把一枚二塊硬幣掉進了坑渠，一個過路的人幫忙把這個硬幣撿起來，李嘉誠掏出一百元作爲報酬。對他來說，每一枚硬幣都是社會的財富，不可以浪費；每一枚硬幣也都是有自身價值的，有自己的尊嚴。

另一個說的是銀川市民梁先生。他坐公車車沒零錢，中途被趕下了車。下車後他打了一輛車追上公車車，找了零錢，將其中一元錢交到售票員手中，他說這是要買回自己的尊嚴。

最後一個說的是一個普通的工人。他想辭職，結果爲領到自己的薪水投訴到多個部門，和廠裡鬧得很不愉快。結算薪水時，工廠負責人換來重達二十斤的零鈔，口口聲聲喊著「用錢砸死你」，倒在廠房大門口讓他一張張地撿。當時太陽刺眼，紙幣被風吹得亂飛。他和自己的家人在眾人圍觀中撿了約一個小時。「我必須微笑著一張張地都撿起來，因爲這些零錢侮辱的不是我，而是他們自己。」他說。此刻，那散落一地的已經不是錢，而是勞動者無處安放的權利和尊嚴。撿錢要彎腰、點錢要低頭，這些無奈而必需的動作無形間滿足了砸錢者畸形的優越感，從某種意義上說，這種優越感和到公園撒玉米粒餵鴿子差不多。唯一的區別是，餵鴿子是善意的，砸零錢是一種侮辱。

這些關於零錢和尊嚴的事，每天都在上演。不是每個人口袋裡都裝滿大額鈔票，也不是每個人口袋裡都裝滿零錢。大鈔有大鈔的交易，零錢有零錢的用途。尊嚴是一點一滴累積起來的。正如受人喜愛的大鈔，是無數被人鄙夷的銅板賺聚起來的一樣。

有時候，你用零錢可以打發走一個乞丐，用千金卻無法打發走心靈的孤寂。零錢是心靈的測謊機，測試你的心是否失信於最本眞的善。

前面說的那個電影，有一個善意而溫情的結尾——

「那麼，有空的時候能幫我擦擦車子嗎？」史蒂夫換了一枚零錢，快步追上去，對乞丐說道。「好的先生，很榮幸爲您效勞。」乞丐歡樂地接過他的零錢，髒兮兮的手不小心碰到了史蒂夫的手，但史蒂夫不但沒有縮回雙手，反而主動去握住了那雙被貧困折磨和摧殘的手。那一刻，兩個人的靈魂終於平等了。

相信04——

所謂生活，就是和喜歡的一切在一起

前幾日，一個好多年沒有音訊的老同學打來電話，讓我頗感訝異。

他是我的國中同學，上學的時候表現出了多種才華，誇張來說是「琴棋書畫無所不通」。但他不肯好好學習，大把的時間都用在了其他方面，所以後來沒有考上高中，再後來便不知去向了。

如果這位仁兄肯堅持其中一樣，總會弄出點名堂來的，可是他偏不。詩歌寫得好好的時候，迷上了畫畫，畫得有點味道了，又迷上了音樂。結果可想而知，他是「無一精通」。

問及近況，他說「我們工人有力量」；問他婚否，他答「本人目前屬於非鑽石王老五」；問他還寫詩嗎？他說「詩歌已離開好多年」；問他還畫畫嗎？他說「畫筆去在了青春年少的時光」；問他音樂搞得怎麼樣了，他說「吉他弦已斷，尚未修補」。

爲他可惜，他卻說，那些都不是他最熱愛的，最近他發現，他最熱愛的是表演。他已經在幾個劇組裡做過幾次配角演員了，感覺不錯。

我說：「你還在尋找什麼啊，別的同學都已成家立業安穩過日子了，你卻還在外邊飄著。」

他信心滿滿地說：「別急，等我哪天演了個男主角給你們看看。」

很多人都會認爲他不切實際，做人有點不可靠。我卻忽然間覺得，他像一隻快樂的蝸牛，經過葉子的時候，喜歡上了葉子，經過露珠的時候，迷戀上了露珠，經過花朵的時候，又愛上了花朵……在不同的地方，看不同的風景，未嘗不是一種悠然的心態。我想，他或許只是一直在尋找屬於自己的最適度的風。

如果夫妻間能做到相互包容、琴瑟和鳴，是一種修了幾世得來的福氣。那樣的彼此，便都是對方最適度的風。最適度的風，不疾不徐，恰到好處，不會令你傷風感冒，不會令你迎風流淚，只會讓你的心熨帖溫暖，就像知心的愛人、懂你的知己，就像兒時臨睡前，母親輕拍的手。

最適度的風，會讓喧囂歸於平靜，會讓擁擠歸於有序，會讓髒亂歸於清新。最適度的風，會將你內心的街道打掃得乾乾淨淨，會讓你的靈魂更加愉悅。

每個人都有屬於自己的最適度的風，你找到了嗎？

相信05——

世界以痛吻我，我要回報以歌

朋友失戀喝醉了，和我訴苦，問我如何消除心中的痛。我告訴他，**痛是你心中的一棵草，你遷就它，縱容它，只會讓它更加肆意地生長。唯一解決的辦法就是連根拔起，那樣或許會牽連出你的血肉，令你肝腸寸斷，卻會換來一個健康、晴朗的明天。**這樣總好過你渾渾噩噩地度過暗無天日的每一天。就像病入膏肓的人，若來一劑以毒攻毒的猛藥，反而會有回春的奇蹟。

一番話令他醍醐灌頂，第二天見到的他，果然是脫胎換骨面貌一新。

人生有時候是需要一點決絕的。決絕地，手起刀落，與糾纏不清的令你痛苦的往事訣別。決絕地，切斷後路，讓命運完成逆襲，置之死地而後生。

人生在世，哪一個沒有經歷過痛的洗禮？哪一個沒有被痛如影隨形般追隨過？若想甩脫它，唯有割斷自己的尾巴。尾巴太長，左右搖擺著曾經燦爛的時光，回憶習慣閃著銀光，鱗片一般鑲滿你的脊背。

暗夜裡的孤寂，也曾如八爪魚般，張著貪婪的腕足，緊緊地擁著我。掙扎如此無力，搗碎所有的好時光，去敷那痛的地方，依然無濟於事。

來一杯酒吧，烈性的，六十度的二鍋頭，看能否抵禦得了如同大兵壓境般的痛的烏雲。一杯烈酒，足以殺出一條血路來。片刻的安寧，可以讓我養精蓄銳，迎接下一輪痛的襲擊。

我懷著怎樣的執著，才能為自己拼湊出一雙完整的翅膀，送靈魂高飛。一針一線，絲絲入扣，如此細緻入理的縫補，卻始終無法令我自己完整。總有痛來襲擾那一張憧憬明天的臉。

痛像漫山遍野的野草，鋪滿我的每一個角落。沒有更有效的除草劑了，唯有拿起鐮刀，去收割它們。**痛，有時候也會成為我們生命中的糧食**。

對於那些讓你痛的經歷，你要敢於揮刀斬斷，以疼止痛。生病的人生就像是做一次闌尾手術，讓你痛的闌尾，割掉它就好了。

痛是綿延不絕的省略號，疼是當機立斷的句號。痛是鈍刀，疼是利刃。

痛是一個膿包，要敢於挑破它，以一次凜然決絕的疼結束那漫無邊際的痛。一次徹底的疼，總好過無休無止的痛的糾纏。

世界以痛吻我，我要回報以歌，回報以更加燦爛的一張笑臉！

你可以戰勝一個人，但就是打不垮他

那是一場日全食，在短暫的黑暗之後，太陽重新統治了世界。

想到塵世中的人，想到一些或高貴或卑微的生命，那生生世世無法愈合的傷口，那時時刻刻無法安寧的疼痛，便是生命中一次次悲壯的日食。

日全食可以被認爲是太陽的短暫沈淪嗎？不，那不是沈淪，那是太陽累了，想休息一下而已。

這時候的太陽讓我想起某些人，那些人注定是充滿光澤的，這份光澤來自靈魂，因爲靈魂裡鑲嵌了鑽石。

美國短篇小說家歐．亨利（O. Henry）儘管極端憎恨社會的醜惡和黑暗，但卻對社會仍抱有期待，所以，總是爲自己的故事添上一個圓滿的結局。他一生都在渴望著光明，在他臨終時，屋子裡卻一團漆黑。他憤怒地對身邊的人說：「打開燈，我不在黑暗中回老家！」

愛迪生八十四歲高齡的時候，仍然整天在實驗室裡忙碌。有一天，終於因體力不支昏了過去。當他在病房裡醒來後，發現親友們正在焦慮地看著他。愛迪生向大家掃視一遍，然後微笑著說：「天堂的景色還眞是不錯啊。」這位偉大的發明家很快就平靜地去世了。

在他下葬那天，許多人家都關了燈，在黑暗中默哀。因爲大家都知道愛迪生的發明對人類的貢獻和益處：只要燈光熄滅哪怕一會兒工夫，就讓人們體會到有多大的不方便；要是一段時間的燈光熄滅，那就更會讓人感到不方便了。人們就選擇了用這種方式紀念這位偉大發明家的卓越貢獻。

海明威說：「**你可以戰勝一個人，但就是打不垮他。**」

是的，你可以躲進陰影裡，逃避太陽的光芒，但你無法慫恿太陽去沈淪，就像你不能阻止一棵樹的成長。那些向上的心，都懂得如何在逆境中攀緣。

每個人的生命中都會有過灰暗的時候，每一片命運的雪地上，都會摻雜著一些苦難的

鹽，每一條道路上都有人等待重新出發，但再大的風雪也無法阻擋明天的太陽。

明天的太陽是新鮮的，世界的每一個早晨都是新鮮的，新鮮得令人垂涎欲滴，嶄新得讓墮落的靈魂羞愧。

等待 NOTE

你若自卑，沒有人能教你自信。
但把他人看扁話當成一種激勵，多去想一想生活中點點滴滴的快樂，
那麼，這快樂的露水一定會一點一點地慢慢聚集，
最後聚集成快樂的海洋。
那樣就會是另外一種結果了。

道歉是傳遞善意的禮物

搬到新大樓的時候，孩子剛剛蹣跚學步，淘氣得很，每天弄得地板噹噹作響，惹得樓下的鄰居氣哼哼地跑來吵了好幾次。也是，孩子睡覺沒規律，說不定什麼時候就醒了，有時候正趕上人家睡得正香，她一個悠悠球「啪」扔地上了，又一個小汽車「晃」摔在地上了，再一個翻身，「咚」自個兒掉地上了，接著就是號啕大哭，換誰誰都得抓狂。

我和妻子商量，得**主動**去樓下給人家賠個不是。我們拎著水果，抱著孩子，去樓下的鄰居家道歉。鄰居家乾淨得很，一塵不染的，這孩子，也不認生，放下就開始跳上跳下，害得我馬不停蹄地護著這兒護著那的，免得小傢伙弄壞了人家的東西。

那兩口子對孩子似乎很喜歡，一個勁兒抱起來，親來親去，孩子也乖巧得直往他們懷裡撲。那兩口子嘴裡一個勁兒地嚷嚷：太好玩了，怎麼可以這麼可愛啊？並請我們一定要經常帶孩子去他們家玩，我們自是十分樂意地答應了。

孩子又在一個不合時宜的時間醒了，又開始繼續她叮噹作響的「惡行」。敲門聲又響了起來，我和妻子揣測著：完了，樓下又找來了。果不其然，那對夫妻在門口，卻是滿臉堆笑，這倒讓我們很詫異。我們連聲說著對不起，他們卻說是來看孩子的。

原來，他們今天晚上下班後，特別想看看孩子，可是一直聽不到孩子淘氣的聲響，斷定我們不在家或者是孩子睡著了。剛才，終於等到孩子摔東西的聲音響起，所以就上來了。

「她一天到晚叮噹作響的，你們不煩啊？」我好奇地問。

「最開始煩，可是不知道爲什麼，自從你們抱孩子去了我家之後，就再也不煩了。甚至，她安靜沒聲音，我們還有點不習慣呢！」

爲什麼？就因爲他們喜歡上了我們的孩子。**因爲喜歡，所以能夠容忍她所做的一切**。

「她是你們給我們帶來的禮物。」那對夫妻說。

是啊，沒有那次主動的道歉，也就不會讓他們感受到這是一份禮物。所以，感謝那次道歉，道歉也是傳遞善意的禮物！

相信08

生活是一糰麵，每個人都可以捏出自己想要的人生

母親說：「生活，可以是你想過成的任何樣子！」對此，我深信不疑。

剛工作的時候，我為自己過於外露的鋒芒買過單。那時，我懷著滿腔的抱負，要幹出一番出色的業績來。雖然我自認做得很出色，卻總是得不到主管的賞識，這令我很鬱悶。

印象最深刻的，是有一次，我用我的妙筆生花把公司裡的工作修飾了一番，投到當地的報社，竟然在頭版頭條發刊了。這在我們單位可是破天荒的頭一次。我興高采烈地拿著這張報紙給我的部門主管看，得到的卻是他一通劈頭蓋臉的責問：「你請示過嗎？誰讓你私自亂發有關我們公司的稿子？回去寫個檢討報告。」

「可是我寫的都是我們公司正面的業績啊，難道這也有錯嗎？」我辯駁道。

「這不是正面反面的問題，而是你眼裡有沒有主管的問題。」他說到了問題的實質。

我心裡憋著一股氣，終究沒有寫那個所謂的「檢討報告」，類似的事情發生了不止一次。每次都是被一盆冷水澆滅了我工作的熱情。

我有些想不通，所以找到一個在工作上混得風生水起的高人求教，他指點我說：「年輕人，要收斂一下你的鋒芒。**如果你鋒芒太盛，很容易招致別人的嫉妒**，尤其是你的上司，你這樣出色，他會有危機感的。」

一語道破其中玄機！我頓時覺得這份工作的無聊，長此以往，不僅會消磨一個人的意志，也會使一個人變得愚鈍和庸常，我漸漸動了退隱之心。

我想辭去現在的工作，幾乎所有人都反對。我那可是吃公家機關的「鐵飯碗」啊，多少人羨慕得不得了。那些日子，我在苦痛中煎熬。

在那些反對者裡，有一個聲音不那麼激烈，相反卻是極其溫和的，這個聲音來自我的母親。

母親擅長做麵食，她說經常吃麵食對胃有好處。不得不佩服她的是，一週下來，她做的麵食不會重複。

有一天，她領著我來到廚房看她和麵。

「媽，難不成你要教我做飯嗎？」我有些不解地問她。

母親微笑著，沒說什麼，只是用那些麵捏了一個麵人，別說，還挺好看。「行啊，老媽，還會這麼一手。」

母親仍舊沒說話，把那個面人一下子又重新揉到麵裡，接著又變戲法一樣，鼓搗出一個別的樣式來。我以爲母親是嫌我這幾天心裡難受，要用這種方法逗我開心，還把我當三歲小孩子呢！

母親終於說話了：「你看，這是一糰麵，你蒸饅頭，捏麵人，烙煎餅，擀麵條……任你雙手所能做成的，都叫作品。只要你是喜歡做成那樣的，都叫有意義！**工作也一樣，不管做什麼，都是有意義的，只要用心去做了就好。**」

母親的話讓我心頭一震，是啊，**生活就是一糰麵，要捏成什麼樣，都在於自己**。

我毅然決然地辭了職，在衆人的扼腕嘆息裡，昂著頭走了出去。我覺得，我的人生可以有更多的可能。

生活是一糰麵，每個人都可以捏出自己想要的人生。

相信09

用誠實贏得掌聲

那年我正在上中學，參加了一次演講比賽。

那是一次水準很高的演講比賽，要求演講者就美麗、博學、勇敢和誠實哪一個更重要展開闡述。爲了體現比賽的公正性，評審團偷偷地在角落裡放置了分貝器，以每個人所獲得掌聲音量的分貝大小作爲評審的參照。

我是唯一一個以學生身份參賽的選手。在這之前，我是高傲的。從小到大，我都是在一片喝彩聲中度過的，不知不覺間，便有了一種優越感。爲了這個參賽名額，我求了老師很多次，加上我在學校裡確實非常優秀，全校老師最後一致推選我代表學校參加演講。從報名到參加演講，一直是那點所謂的自信在推動我，可是當一個個演講者從容淡定地引經據典、旁徵博引地進行了精彩演講之後，我的自信心第一次受到了重創。我開始緊張了。

我清醒地看到了自己和他們的差距，簡直是天壤之別。我開始後悔自己辛辛苦苦爭取來這個機會了，但一切已經來不及，馬上就要輪到自己演講了。

演講會場上的掌聲此起彼伏地響起，評審團的工作人員不停地測著掌聲的分貝。

在那些於某個知識領域小有名氣的人物面前，我有些戰戰兢兢地上臺了。本來那個演講稿在腦海裡早已是滾瓜爛熟的，但不知道怎麼了，看著臺下黑壓壓的人群，竟開始前言不搭後語，甚至有那樣一刻，腦子裡一片空白，那些演講詞被我忘記得一乾二淨。在經過了幾分鐘尷尬的沈默之後，沒辦法，我只好爲自己打了個圓場：「不好意思，對不起大家，我把演講詞忘了！」這時候臺下開始出現小面積的議論，繼而是大面積的噓聲，我漲紅了臉頰，低著頭匆匆地離開了演講臺。

我躲到角落裡，彷彿是在經歷世界末日一樣地等待著演講會的結束。家人和老師的安慰使我更加感到難過。

演講會結束了，一位律師身份的演講者憑借淵博的知識和動感十足的演講表現獲得冠軍，他贏得了現場觀衆熱烈的掌聲，掌聲的音量超過了八十分貝！而我的掌聲音量爲零！

主持人在最後總結的時候特別提到了我，說我作爲一名學生，能夠有勇氣來參加比賽本身就是一種成功。我和所有參賽者一起被邀請到了演講臺上，每個人要做一段最後的致辭，我不得不再一次拿過那讓自己難堪的麥克風。

我說自己雖然忘掉了準備好的演講稿，不過在心裡另外生成了一份沒有草稿的演講稿，希望主持人能給我一個表達的機會。

我說：「現在我才知道，今天我來這裡，是有些自不量力的。我以爲自己穿上了漂亮的外衣就是美麗，我以爲自己每門功課都考了第一就是博學，我以爲自己敢爲女同學出頭找欺負她的男生算帳就算勇敢，我以爲每天晚上對媽媽如實彙報學習和思想情況就是誠實，但是很顯然，我是太過幼稚了。在今天這些老師的面前，我第一次感覺到自己的渺小，我覺得自己就是那隻第一次跳出井底的青蛙，看著廣闊無邊的世界，置身浩瀚的知識海洋，只有驚訝和慚愧！所以，在這裡，我深深地打量了自己，我所自認爲的美麗不再是美麗，我所自認爲的博學不再是博學，我所自認爲的勇敢不再是勇敢……」

現場開始安靜了下來。

「但是今天，」我羞澀地笑著說道，「我認爲自己唯一值得表揚的地方就是誠實，因爲我確實是把演講詞忘掉了，而且是忘得一乾二淨。」

現場觀眾開始發出了善意的笑聲。

「所以我認爲，你可以不美麗，但你不可以不博學；你可以不博學，但你不可以不勇敢；你甚至可以不勇敢，但你無論如何，不可以不誠實！」

現場爆發出了熱烈的掌聲！評審團驚奇地發現，我所獲得的掌聲音量接近了九十分貝！竟然超過了今天的冠軍。

雖然我在美麗、博學、勇敢上都輸給了別人，但我用我的誠實贏得了掌聲！

Chapter 6

看法：你看這個世界的角度，決定了這個世界給你的溫度

「無論如何，我一定要繼續呼吸，

既使已經沒有盼望的理由，邏輯告訴我，

再也見不到這個地方了，

這就是我所做的，我活下來了。

我繼續呼吸，後來有一天，邏輯被證實錯了，

因為潮水給我帶來了一面帆。

而現在，我在這裡。我回到了孟菲斯。」

——《浩劫重生》——

（Cast Away）

看法01——做一個寡言，卻心有一片海的人

王小波說：「我選擇沈默的主要原因之一：從話語中，你很少能學到人性，從沈默中卻能。假如還想學得更多，那就要繼續一聲不吭。」

很多時候，人沈默不是因爲不善言辭，而是不願言辭，他們其實洞悉著一切。沈默的人像海綿，吸納光，吸納暖，吸納別人的悲歡，某一天，那些光就會變成美好的文字，那些暖就會變成躍動的音符。

張曉風曾寫過一篇文章《在D車廂》，寫她和家人一起去英國玩，他們的火車在衆車廂中有一個特別的D車廂，是個很安靜的車廂，不許說話，不許製造噪聲，非得說話可以傳紙條。我心想，眞是太好了，我可以想任何事情，寫任何東西，一點都不吵。車廂裡的每個人都有絕對的自我，絕對的安靜。

這種設計很是令人稱道！旅客買的是座位，但很可能他也希望同時買到屬於這座位的寧靜，做人很難一天到晚都不言語，但在坐火車的這段時間，可以保有片刻的安靜是很好的。

車廂裡，人們或埋頭讀書，或閉目思考，或托腮望著窗外，每一個人都是一塊沈默的海綿，吸納著寧靜世界裡的光。

「冰山在海裡移動很是莊嚴宏偉，這是因爲它只有八分之一露在水面上。」這是海明威的「冰山理論」。冰山漂浮在海面上的時候，我們只能看到它露出水面的一小部分，可是在水下，卻潛藏著巨大的山體。海明威以此比喻寫作：作家有八分之七的思想感情是蘊藏在文字背後的，眞正透過筆端表現出來的，只有八分之一。如果作家能夠處理好這一點，讀者就能強烈地感受到這八分之一背後的沈默的力量。

在生命的天空下，沈默的、偉岸的冰川，正在緩緩移動。

從上蒼的視角看，我們幾乎是一樣的，像工廠的流水線一樣，千篇一律。多少人，身體露在陽光之下，靈魂卻被關押在黑屋子裡。所以，每個人都應該去追尋自己的黃金時代，發光散熱，而不是迷失自己。

生命時而奔放，時而纏綿；時而眼波間物欲橫流，時而心湖上一葉驚秋；時而痛不欲生，時而歌舞昇平；時而憤世嫉俗，時而刻意僞裝……理想重，所以千折百回；愛情重，所以焚心痴狂；事業重，所以忍氣吞聲；親情重，所以省吃儉用；金錢重，所以蠅營狗苟；友情重，所以顧此失彼。因爲「重」而擔當，因爲擔當而享有，因爲享有而豐富，這是一個人對自己內心最大的開發。承受那些「重」，接受那些苦，忍耐那些痛，只爲了生命的花園裡，要開出不同尋常的花。

人過中年，似乎已沒有了力氣去爲某件事熱烈地爭辯，也不再有什麼事值得去逞一時的口舌之快，終於懂得了雲淡風輕的好，亦懂得了在喧囂中獨善其身，去做一個沈默的人。

沈默的人，心中必然藏著深深的一片海。

看法02

你不絕望，人生就充滿希望

我認識一個中年男子，魁梧黑壯得像個鐵塔。他是一名音樂老師，在一所不甚知名的學校裡，教小學生最基本的樂理知識，領著孩子們唱天眞的童謠。在一間間教室裡，他背著一架用了許多年的手風琴，像一隻蜜蜂一樣歡樂地飛著。當童稚的歌聲從那樣一個大男人的胸中迸出，模樣眞有些滑稽。他的學生是那樣眞誠地愛著這個同他們一樣純眞的老師，愛著他的快樂無憂。

直到有一天，學生們看到了讓他們難以想像的情景：音樂老師領著一個比他自己還要高些的大男孩，在操場上吹著七彩的泡泡，那個大男孩有十七八歲的樣子，可他咧嘴笑的時候，臉上寫滿了三四歲孩子的快樂，透著與衆不同。

大男孩是音樂老師的兒子。他出生的時候，也是一個白胖粉嫩的可愛孩子，當他蹣跚學步的時候，音樂老師是用音符爲兒子的步履伴奏的。可是孩子長到三四歲以後，身體發育日益強健，智力的腳步卻停滯不前。幾乎沒有父母會平靜地面對這種情況——孩子是一個先天性弱智兒童，他的智力水平永遠只有三四歲。

本來英俊硬朗的音樂老師在得知這個結果的時候，一下子被抽乾了心頭的水分。可他必須面對那個只能在三四歲的日子裡快樂玩耍的兒子，在自己心中滴著血的時候，作爲父親，他得讓那個孩子像其他正常孩子一樣快樂。

音樂老師爲此究竟付出了多少比別的父親更多的辛勞，外人是無法得知的。即使上了一天的課，累極了，也被不聽話的學生氣極了，但只要望向自己的孩子，音樂老師的眼眸裡一定會開滿溫情的花朵。

在那個弱智的孩子快樂成長的日子裡，音樂老師也以快樂面對著這一切。有人說他曾嚎啕大哭過無數回，可他的笑臉總會與朝陽一起升起；學生們說音樂老師會在領著他們唱歌的時候，雙眸中就慢慢浸滿瑩瑩的淚光，然後到走廊獨自站一會兒，回來的時候，又會張開雙臂，對著他的學生們熱情地說：「來吧，孩子們，讓我們再唱一遍《歡樂頌》！」

音樂老師的內心是痛苦的，但是他找到了讓痛苦流淌的出口，他像一棵每天都要挨一刀，每天都要縫合傷口的橡膠樹，用愛不停地釋放著自己內心的痛苦。

古希臘一位詩人說：「我身上有無數個裂縫，到處在漏水。」這是關於悲劇的最有力的詮釋。**悲劇就是撕開傷口給人看，這些流經生命，又從生命中滲漏出去的水，可以釀酒，可以醉人，可以醒世，可以洗心。這些痛苦使軀體千瘡百孔，卻讓靈魂得到了昇華。**

看法03——放過自己，但別放棄自己

筱晴的屋子裡到處都是他陽光下的照片，筱晴的日曆裡記滿了和他有關的一切日子：他的生日、和他初識的日子、結婚的日子……包括他奔赴天堂的日子。

他的離去令她猝不及防，她不敢相信，那倒在車輪下的愛人沒有一句離別的話，就隻身去了天堂。一對幸福的人，正在成長為一體的生命，生生被死亡掰開了，到處都流著血，包括記憶的每一個縫隙。從此，每一次催促的鳴笛，都令她驚慌失措，每一次尖叫的急剎車，都會伴著她的心碎裂的聲響。她不敢再走那條路，寧可多走一小時也盡量繞著它。司機不解地問原因，她胡亂地解釋：那條路邊上的建築物太多，終日見不得陽光，讓人心裡不舒服。司機搖著頭，不時地透過鏡子打量這個怪異的女人。

她的心開始在那些傷心的過往中發霉，她與這個世界之間，隔了厚厚的一堵牆，陽光

無法穿透。

情人節那天，公司給每個人都發了兩張音樂會的門票，讓員工陪同自己的愛人一起去聽音樂會。她剛剛有些平復的心，又一次被人扔進了傷感的石子，記憶的漣漪又開始蕩漾開來，心像枯葉一樣在水面飄著。

她一個人去了劇場，憂傷的音樂起起伏伏，在她面前布滿往事的沼澤。剛剛有些鮮活的生命，又一次在悲傷裡陷落下去，她似乎注定了要在懷念中衰老，在懷念中慢慢脫落最後一顆牙齒。

他忌日的時候，他的親人們來了，在他的墓前放滿了鮮花和哀思。勸慰她的同時，特意交代她，別忘了常來他的墓前看看，他很孤單。她應著，冥冥中與記憶的苦痛簽訂了終身合同。

她在他的墓前哭著，可是這一次，她不是爲他，而是爲她自己。陽光那麼燦爛，卻不屬於她。人們遞給她手帕，其實人們不知道，**最好的安慰人心的手帕是讓她學會忘卻**。

看到筱晴鬱鬱寡歡、魂不守捨的樣子，朋友們自是急上心頭，想盡一切辦法，試圖讓她的心重新布滿陽光。

朋友們請她去聚會，可那樣熱鬧的場景，往常都是她和他一起參加的；朋友們陪她去登山，她想如果他在，一定會走在她的身後，用手托著她……她強顏歡笑，只是不想讓朋友們跟著難過，但當她登上了高高的山頂，除了耳邊的風聲，她感覺一切都不存在了，她忘卻了一切。霎時間，她感到了自己的渺小，也感到一種從來沒有過的輕鬆，風恣意地吹著她的長髮，吹走她心底的哀傷。那份束縛靈魂的苦痛從雙肩上卸了下來，然後被拋向深深的谷底，她大聲地喊：「唉……」換來的是山的那邊歡樂的回聲：「愛……」

朋友們終於找到機會開導她了：你愛他，就要爲他好好活著。有些時候，忘卻不是背叛，是你對這個世界的另一種愛，是天堂裡的他對你的最深期待。

她含笑不語，其實這山頂上的風早已令她醍醐灌頂：**人，不該被記憶的繩索牽絆**。

她重新回到生活中來，用忘我的工作漸漸埋住過往。

有人說魚的記憶只有七秒鐘，七秒一過就不記得發生過的事了，每一個游過的地方又變成了新的天地。所以魚是快樂的，它們不會在幸福或者哀傷裡沈溺太久。

忘卻不是背叛，而是即將枯死的樹上發出的新芽，是唯一的手帕，可以去撫慰種種歷經苦痛的靈魂。像魚的七秒鐘，想不起前世，想不起苦痛，只有恍惚的背影，只有似曾相識的朦朧，這些已足夠。

當你對一段感情糾結得體無完膚、心疼欲碎時，何不捨了那份情債，轉個身就是天涯。

看法04——

別急著托付，先吹吹冷風

不論是電視劇還是暢銷書，鋪天蓋地渲染著愛的轟轟烈烈。看慣了愛的熾熱，但一旦有一股小冷風穿過，還真是別有一番滋味。

在一個專營「過橋米線」的小店裡，我看到一個男人和一個女人。從樣貌上看，男人明顯比女人年輕。憑感覺，這好像是一對曖昧的網友。

我看到那男人有些拘謹，坐在那裡時不時地望向別的地方，有些心不在焉。那女人問他，要不要喝點啤酒，男人點了點頭。

女人從錢包裡掏了零錢要了瓶啤酒，男人始終沒有露出笑臉，大概是嫌女人找了這個過於便宜的地方吃飯吧。但看樣子那女人也不是很富有，穿著打扮上也很是普通。大概和他想像中的樣子大相徑庭吧，所以提不起他的興致來。

兩個人悶頭吃著，女人時不時地拿餐巾紙去擦那男人的嘴巴，照顧得很周到，男人似乎並不領情，一句謝謝也不說，好像這一切都是他應該領受的。

「吃完飯我們去哪裡呢？」女人依舊殷勤地問著。

「隨便吧。」男人有些不屑地說，「就你們這種小地方，能有什麼好玩的？」聽到這樣的話，再蠢的女人都該能聽出話中的含義了吧。這一次見面，大概把之前所有的美好都統統打碎了。

看在眼裡，頗為那個女人不值。

一個女人愛上了另一個男人，男人也似乎眞誠地愛上了她。因為當女人沒有美貌和特殊背景時，感情就會變得相對純淨。**就像你會懷疑千元鈔票的眞偽，但不會懷疑幾塊錢的銅板**。他們愛得迷亂，愛得糾纏，可是時間還是會介入人類感情的鑑別之中。有一天，男人對女人說：「也許我們這樣就已經是最好的了，否則我們雙方生活在一起，還會被現實的各種問題弄得心力交瘁。」

女人明白，這一句話是在為他們的愛設置了底線，限定了高度。女人這時已經在男人的幫助下有了自己的生意。他們沒有明確什麼，只是一些東西自然地淡了下來，心不知什麼時候起就已經準備好了對結局的承擔。奇怪的是，她並不覺得悲涼，反而在這股小冷風裡得到了些許解脫和自在。

一年有四季，如果日日酷暑，任誰也是吃不消的。這小冷風就像你溫柔鄉裡的一個冷戰，靡靡之音中的一記驚堂木。愛中有冷熱，世態亦炎涼，不妨吹吹小冷風，使你的心得以清醒，懂得辨別。

看法 05

在微小的日常中汲取歡愉

一場雨剛過，蘑菇瘋長，第二天天剛亮，漫山遍野就已經鋪滿了人，採蘑菇的人貌似比蘑菇都多。

我和妻子也在眾人之中，收穫頗豐。接近中午，人群紛紛從山上往山下撤離，有零星的人卻恰恰相反，迎著我們，往山上去。這被無數人翻踩過的山頭，要想撿幾個「漏網之魚」還真是不太容易。

迎面來了一位白髮老者，雖然拄著拐棍，但精神奕奕，或許是我們嘲弄的話無意間飄進了他的耳朵裡，他微笑著像是回覆著我們又像是自言自語地說：「我就是來趕中午這一波的。」很多人都選擇了在早晨採蘑菇，人山人海地隨著人群，殊不知，蘑菇的成長是很快的，早晨還是肉眼看不見的，中午就冒了頭，所以，你就算是中午來，一樣可以有所得。

他不爭不搶，哼著歌，在他眼裡，撿拾的不僅僅是蘑菇吧，應該還有一顆小小的歡喜的心。

還有一對小夫妻，領著剛會走路的胖嘟嘟的孩子，以玩樂為主。大概沒採過蘑菇，進山許久，兩手依舊空空。看到我們採了這麼多蘑菇，他們倒也很是羨慕，年輕的爸爸有些自嘲地說：「我們和孩子來，能撿到一對小蘑菇就算成功。」

他給自己設定的目標低得離譜，所以，他離快樂最近。不一會兒，就聽到他在那邊大聲地喊：「我們已經成功一半啦！」他採到了一朵蘑菇，舉在手裡，向他的太太歡樂地展示著。他歡喜的心，在整個山裡都看得見，聽得到，很多人的心都在慢慢向它靠攏，包括我自己。

岳母是農村女人，身上貼著因為精打細算而顯得小氣的標籤。她的二女兒是當教師的，教師節的時候收到很多學生送的花，就拿出很大的一捧去送給岳母，岳母當即就訓斥起來：「浪費錢，這一大捧花夠買多少棵大白菜啊！」聽說是別人送的後，她又立馬釋懷了，急忙捧來一個花瓶，裝滿了水，把花一枝一枝放進去。看包裝紙太漂亮，不捨得扔，就直接包在了花瓶外面，美滋滋地那麼看著，彷彿把整個春天請進了家裡。一直不知道，她還有這樣一顆小歡喜的心，只是，這麼多年來，一直都沒有多餘的一分錢來給這份「奢侈」的心獻上哪怕一枝花。

詩人瘂弦對女兒說：「爸爸一生的文學和人生都失敗了。」女兒說：「失敗才更像一首詩啊。」一顆歡喜的心，在成功與失敗之間，看到的不是功利的得失，只是詩句的抑揚頓挫。

《近世叢語》裡有個很有趣的故事。有個樵夫，在山上砍柴時常去一座寺廟裡歇腳。和尚很熱情，總是以茶相待。有一天，樵夫問和尚，喝茶有什麼好處。和尚說，喝茶有三大好處。一是可以消食；二是可以提神；三是可以寡欲。樵夫聽了，說：「哎呀，這三大好處對我來說是三大壞處啊！我本來就是苦，肚子裡沒多少油水，喝茶還可消食，怪不得我在您這裡越喝越餓呢！我早出晚歸，每天都很辛苦，晚上美美地睡一覺真是舒服啊，而喝茶提神，讓我睡不著，那可太痛苦了！至於寡欲，就更不好意思了！我是有老婆的。我雖然窮，但對老婆很熱情。如果我喝茶寡欲了，她會待不住的啊！」樵夫要求下次來時喝點井水就好。喝茶對於樵夫而言，實在是太不實惠了。

如此看來，只要內心歡喜，吃糠咽菜，喝著井水也是歡娛的。幸福的人總能從微小的日常中汲取到歡愉，在粗米的人間尋覓到無可替代的愛，並能一念多年。就像林清玄說過的那樣，**如果心水是澄靜的，那麼就日日是好日，夜夜是清宵**。

在山裡，我總是會刻意把最小的蘑菇留下，留給下一波來採蘑菇的人。**別小看那故意留下來的小小的蘑菇芽，那是我留下來的小小的歡喜的心，等待有人與我一起去分享。**

看法06——越慢的日子越是驚人地深刻

冬夜，我慢慢地爲女兒做一張小床。不急不躁，像在擺弄兒時的積木。我將做好的小床和散落一地的木板，女兒則愉快地在旁跑跳。她想像著當她躺進這嶄新的、鋪著蝴蝶床單的屬於她的小木床上，夢，也必將前所未有地新鮮。當我不小心劃破手指，她會手忙腳亂地去找ＯＫ蹦，笨拙地爲我包紮，那一刻，我看到了她那顆感恩與善良的心。我爲她修造的不僅僅是一張床，還有一種緩慢的心境。

我告訴她，我喜歡那些看雪看得出神的人；我喜歡那些數星星的，把每一顆星星都當作親人的人；我喜歡那些閉上眼睛，滿臉愜意聽風的人；我喜歡那些撿拾起一片葉子，妄圖從葉子的脈絡間追溯它前世來生的人。

那是懂得放慢腳步生活的人；是把雪花當成錢來花的人；是趴在床上給星星寫信的

人；是向空中抓了一把清風，然後握住，放到耳邊細細來聽的人；是在葉子上寫詩的人。

母親眼睛還沒壞時，做飯從不用我們插手，包括包餃子，也是自己和麵糰、拌餡、桿麵皮。她會從早開始忙，有時候要一上午才能包好我們一家人吃的餃子，但她總是不厭其煩，甚至會一邊做一邊哼著歌，把忙碌當作一種享受。我們也樂於享受母親的寵愛，在慵懶而緩慢的空氣裡或躺或臥，自在得像沒長大的孩子。

似乎很久沒有這樣緩慢地生活過了。一個日子跟著一個日子，日子和日子之間沒有任何間隙。這看似滿滿的人生，其實是缺乏張力和彈性的，是易碎的。

生命，有時候需要用慢鏡頭去慢慢地往前播放，你會發現生命中的很多美好，就連植物的成長都是那般壯麗。

偶爾有不老實的日子，慾望在窗邊撩撥，我便喝一杯平復心情的龍井綠茶。夜，更多的時候只是假象。很多人的夜，也是奔跑的。啤酒、咖啡因、煙、夜店裡的曖昧燈光、舞女撩撥的身姿，無一不是爲了更快地燃燒。青春，是如此奮不顧身地揮霍著，傷害著，鮮有寧日。

散文作家林東林在《慢的美學》中寫過：「越快的生活越是記憶淡薄，越慢的日子越是驚人地深刻，慢的度與記憶的度成正比，快的度與遺忘的度成正比。這或許就是古人所說的『山中只一日，世上已千年』的神仙生活，神仙不會跨越時空，但是神仙可以慢慢經歷感受。比如釣魚，釣魚其實是釣勝於魚，你不是要享受釣到魚，而是要享受釣不到魚；再比如養花，養花也並不只是爲了花開那幾天，而是建立起那份侍花弄草的小心和精細。在釣和侍弄裡，才有千年風日。」

從今天起，我就要開始信仰一種慢。我知道，我的生活中，有一種叫慢的空氣，我要去很謹慎很用心地呼吸它。

停頓下來的生命，眞好！緩半拍，風輕雲淡；慢一步，鳥語花香。

等待 NOTE

越快的生活越是記憶淡薄，越慢的日子越是驚人地深刻，慢的度與記憶的度成正比，快的度與遺忘的度成正比。

緩半拍，風輕雲淡；

慢一步，鳥語花香。

看法07

有痛感的人生，是鮮活帶著力量的

在鍵盤上敲字的時候，我忽然想，如果人生也有一個刪除鍵，我會刪除些什麼呢？快樂幸福的好時光自然捨不得刪去，那麼刪去的就只有那些疼了。

我想刪去手指的疼。因爲一分之差沒有考上縣城的重點高中，老師和家人都勸我重考一年，我卻倔強地選擇了離開學校。每天上午九點半，是學校上課間操的時間，喇叭裡傳來熟悉的「廣播體操」的旋律，一顆心便跟著疼了，再回不去本該屬於自己的校園了。於是更加發奮地自學，冬天，寫字的手凍成了「饅頭」，鑽心的疼讓我坐臥不寧，直到現在，每到下雨陰天，手指還會隱隱作痛，二十多年以前的疼，就像一條甩不掉的蛇緊緊尾隨。

我想刪去肩膀的疼。在家待業的時候，我臨時在一個工地做了半年苦工，手掌磨出許多大大的血泡，卻也不能停下來，因爲瓦匠等著我「伺候」呢，炎炎烈日，汗流浹背，苦不堪言。之後，又去倉庫扛麻袋。黑壓壓的麻袋落到肩膀上，整個人一下子就蹲到了地上，如此反覆，直到後來才慢慢地直起腰來，眞不知道那一天是如何熬過來的，那是天底下最漫長的一天，我盼著天快點黑下來，快點，可是太陽好像故意和我作對一般，越發地把它那邪惡的洒到我身上。回家之後，掀開衣服，看到肩膀上整個掀起了一層皮，裡面嫩嫩的肉呼之欲出。母親一邊給我擦著藥膏，一邊心疼得直掉眼淚。

我想刪去腳掌的疼。剛結婚的時候，一貧如洗。租來的房子又小又破，冬天很冷，牆壁上到處是亮晶晶的霜花。買不起煤，就去後山打柴。有一天回來得晚，天已經黑了，妻子擔心，拿著手電去山路上尋我。直至看到我拉著一車柴火，蹣跚歸來時，終於忍不住哭出聲來。我告訴她，不敢快走，鞋子馬上就要掉底兒了，她找個繩子幫我把鞋子綁上。腳凍了，又紅又腫，害得我現如今走起路來都不是那麼筆直。

我想刪去牙疼，我想刪去頭疼，我想刪去失戀的疼，我想刪去失去親人的疼，我想刪去各種各樣的心疼，我想刪去……太多太多的疼！

我不知道爲何我的人生有如此多的疼，我似乎是疼痛銀行的行長。

但是現在，我感謝疼痛，每一次疼痛都會帶給我一次歷練。就像一次一次的跌倒，讓孩子學會了走路和奔跑；就像一次一次的摔傷，讓鷹學會了飛翔。

喜歡養一些小動物，可是不得不面對的是它們過早的死亡，一次次地讓我心疼。可是後來，我漸漸領悟到，死亡是所有生命必走的最後一個環節，我也要有那樣的時刻，不得不面對一雙雙急切盼望我起死回生的眼睛，可是終究要走，就像我無法留住親人一樣。所以我感謝那些曾經陪伴在我身邊，又一個個夭亡的小貓小狗、小雞小鴨，是它們的死，讓我一次次地進行悲傷的演練，讓一顆心慢慢結出一些堅強的痂來。那不是冷漠，是爲了保護一顆心而結的繭。

人生在世，誰沒有疼的經歷呢？有痛感的人生，是有鹽、有鈣的人生。

疼是人生裡最活躍的細胞，可以用它譜曲，用它填詞，可以用它釀酒，用它泡茶。在歲月的喉結裡，輕輕將它吐出，可以換一曲妖嬈的歌兒。

疼是推著人往前走的風，你若想甩脫它，便聞不到它吹送到你跟前的花香了。人生沒有多餘的疼。讚嘆珍珠的光芒時，別忘了那是貝殼的眼淚，是用疼痛磨礪出來的璀璨。

看法08——

別辜負了每一次的相遇，先轟轟烈烈踏踏實實地過日子吧

阿蕙是個不幸的女人。十八歲的時候，她被流氓強暴，懷孕了，輟了學，不得不躲到鄉下的外婆家，忍受周圍人的白眼。她把孩子生了下來，由外婆照顧著，她自己又回到那個令她心酸的地方。

二十一歲的時候，她戀愛了，和一個很帥氣的年輕人。他們不久就結了婚。她下決心告訴了他以前的事情，結果他們離婚了。

痛定思痛，她決定正視現實，把孩子接回來自己帶。這麼些年來，她就一直單身，也沒想過再嫁人。孩子一晃七歲了，該上學了。孩子總是問她，爲什麼自己沒有爸爸。她就說，你爸爸死了，從你一出生的時候就死了。她不能告訴孩子眞相，她的苦楚只能她自己

一個人吞咽。

冬生是這個時候闖進她的生活的。他和孩子的關係很融洽，常常在一起瘋鬧，儼然一對親密的父女。他並不急於向阿蕙表白，而是和孩子、和她的家人打得火熱，他覺得，只有讓阿蕙的心暖過來，才會變得柔軟，才能更容易接受自己。

女兒怯怯地問他：「能叫你爸爸嗎？」冬生先是一愣，繼而爽朗地笑著，好啊，大聲地叫吧。阿蕙在日記裡這樣寫道：對於我的孩子，「爸爸」是個冷漠而陌生的詞語。可是現在，它竟然變得如此熟悉和溫暖……冬生是個懂愛的男子，他的愛是慢火，一點點地烘烤著阿蕙那顆潮濕的心。

我的父親和母親一直是廚房裡的一對好搭檔，小時候，總能看見那樣的情形，父親燒火，母親做飯，兩人在廚房裡聊著一天發生的事，偶有拌嘴，更多的是其樂融融。也總是能聽見這樣的對話——「今晚做點兒什麼吃呢？」「先把火點著再說，讓屋子熱乎熱乎。」

在《平凡的世界》裡，田曉霞愛著孫少平，年輕的心是慌亂的，她不知道明天的結果會怎麼樣。她把心事說給父親聽，父親拍著她的肩膀說：「不管怎麼樣，先把火燒起來再說。」這眞是一個開明而智慧的父親，他讓女兒的愛完全綻放，不帶一丁點兒的委屈和遺憾。**轟轟烈烈只管去愛**，要對得起青春那份明媚和熱烈。先把火燒起來，那是一種義無反顧的絢爛綻放。

我對我的學生們說，冷的時候，我們可以用文字取暖。這是精神層面的爐火，你要準備好足夠的柴火和一根火柴，爐子也要搭好，這一切都需要你自己來做。**自己做自己的火焰，心才不會挨冷受凍**。

如果你還不能熟練地寫作，那麼不妨保持你的熱情，先去把火燒起來再說。

不管以後怎麼樣，不管明天的天氣如何，不管花謝花開，只管把火先燒起來。

看法09——小人自有對頭，千萬別以為自己永遠只能委屈

朋友阿慧和我說起過一件事：她醫學院畢業，考進了本地的一家大醫院，由於各方面都很優秀，又謙虛好學，沒兩年就掌握了很多醫學本領，得到了院主管的賞識，經常大會小會對她進行表揚，這些引起了一個女同事的強烈嫉妒。這個女人論樣貌和才學，也不比她差多少，可就是心術不正，她不允許別人搶她的風頭，只有她自己風光才行。所以，這之後那個女同事總是明裡暗裡地使壞，在工作中也總是挑撥離間，排斥她，孤立她，終於那女人得了逞，迫使她離開了那家醫院。後來，她自己開了一家診所，事業慢慢做得如日中天，還被選爲當地的人大代表，很多人都知道了她的名字。

回憶起這段往事，她說：「要感謝那個背後使壞的人呢，沒有她，就沒有我的今天，所以啊，有些人渣，在某種程度上也促進了我的成功。」

演員黃曉明說過：「曾經有人對我說，潑在你身上的冷水，你應該燒開了潑回去。但我更願意去做像石灰一樣的人，別人越潑我冷水，我的人生越沸騰。」曾以為黃曉明只是憑借一張漂亮臉蛋演戲的藝人，沒想到說出了這般令人受用的話，這不禁令我對他刮目相看。

是啊，**小人們扔過來的磚塊，我們可以墊在腳下，讓我們走得更遠，站得更高**。

兩千多年前，孔子及其門徒重點研究了兩種人，一為君子，二為小人。尤其是小人最傷腦筋。如何對待小人的問題是個古今難破之題。孔子一生清高孤傲，眼裡揉不得沙子，他總是願意把自己當作社會的一面照妖鏡，揭露出許許多多世上小人的醜惡面目。而如今，時空已經相隔兩千多年，孔子帶著治國救世的美好願望駕鶴西去了，但那些見不得光的小人們卻在陰暗的角落裡生生不息地繁衍了下來。

小人喜歡搬弄是非、挑撥離間，而且他們無一不是喜歡窺探他人隱私的專家。他們為了達到某種目的，幾乎都會採取挑撥離間的策略，小人的最大願望是：全天下的人都相互指責、互相懷疑，只有他能掌控全局、左右逢源、游刃有餘。所以，搬弄是非、挑撥離間是小人最常用的戰術。再有，出賣、背叛也是小人的慣用伎倆之一，當你與小人促膝長談的時候，你的肺腑之言，在小人眼裡就是把柄，而你的隱私就是小人出賣你的資本。所以，在小人面前，最好三緘其口，否則，就要承受有一天你的肺腑之言及隱私被加工後曝光於天下的後果。

說白了，小人的伎倆無非就是無中生有、惡意中傷。對於你背後的小人，對付他的最好辦法就是不予理睬，他煽不起風點不起火，自然就落得一個灰溜溜來去。

人生路上，每個人都會經歷過幾個人渣吧。我經歷的小人就比較多一些，總有人背後使壞，不管是愛情還是事業，總是讓自己不停地受挫。但我都走過來了，那些小人，或許對你造成了某種傷害，或許令你頓生厭惡之心，他們是你成功路上的絆腳石，但也可以成爲你的墊腳石。

永遠不要覺得你包容了那麼多不好的東西就委屈，其實他們也會成全你，讓你在心裡慢慢磨出一顆珍珠來。

看法10——

胃有空間心靈才有空間，半飽就好

有一個女性朋友正在減肥，贅肉倒是沒減掉多少，可是透過減肥卻總結出一套令我們刮目相看的人生感悟來。她說她現在一天的進食量是往日的一半，寧可少一點欠著一點，舒服，胃有空間心靈才有空間。做人也是這個道理，她說，自己以前是個追求完美的人，凡事追求百分之百的滿意度，可往往事與願違。比如朋友做了錯事，就不予原諒，搞得朋友尷尬，自己疲憊，還失去了不少朋友。後來經過了一些事，也就漸漸想通了，人無完人，金無足赤。人非聖賢，孰能無過？如此自己也就多了一些包容，多了一些坦然。她認爲，對人對事留有餘地不僅是對朋友的包容，更重要的是自己做事的態度，積極但不十全十美，盡人事，聽天命，不跟自己過不去，不給朋友找彆扭，對人對事，半飽即可。這樣的人生豁達而從容，寬厚而仁愛，幸福而美好。當你要求自己盡善盡美的時候，反而束縛了前進的步伐。

她總結出來的「半飽理論」同樣適用於感情生活中。對待感情，夫妻之間的要求也是以半飽爲好。很多夫妻一生都沒弄明白，爲什麼夫妻感情從親密無間漸漸地就變成親密有間了呢？有人認爲，夫妻之間應當不再有什麼祕密，毫無保留才能證明夫妻感情的眞實，實際上，夫妻之間如果彼此有一點私人的空間，不能視之爲對愛情的不忠，反而是一種夫妻相處的藝術。

歐陽應霽在《半飽，生活高潮之所在》中說：「半飽是一種完美的缺陷，一半的希望，再加上一半的耐心，才是一整片藍天。對現實保持一種滿足，對未來保有一分好奇，相信生活裡頭總有更好玩的事情，會在下一個階段出現。」**因爲半飽，呵護好自己的腸胃，以及讓精神時刻處於一種半飢渴狀態，能讓每一口美味的食物到達口中時得到最大的享受；因爲半飽，當你在下一個街口發現了新的美食的時候，你才不至於胃沒有了容量。**

一位科學家拿兩窩小白鼠做過一個實驗，一窩給予充足的食物，另一窩只給予少量的食物，結果餓鼠的壽命是飽鼠的兩倍。這說明在一定條件下，動物或人類的壽命是與攝入的食物量成反比的，或許半飽才是最恰當的生命狀態。

半飽的人生，表面上看是虧損的，實則是豐盈的。

看法11——允許這個世界不是十全十美的

從小到大的記憶裡，母親每次去菜市場，總是挑剩菜買，圖個便宜，回家好好洗一下，也不耽誤吃。時間久了，菜市場裡的人便都管母親叫「剩菜婆」。母親也不惱，別人愛說什麼就說什麼吧，自己也不能掉塊肉。每天省下來的塊兒八毛錢總還有別的用處的。比如可以買一點水果，讓我們解解饞。自然，水果也是挑那些不像樣子的買，比如皺巴巴的蘋果，比如有了傷口的梨，回家用刀削一下，和新鮮的水果也沒什麼差別。

有一次，母親帶回來幾根黃瓜形狀的有點黃有點黑的傢伙，軟塌塌的，母親說那是香蕉。早聽過這種水果，沒想到竟然這麼難看。母親說，那是因爲它老了，人也一樣，老了，就軟塌塌的了。

母親替我們剝掉香蕉皮，嗨！除了頭上是黑色的，身子還是很白嫩的呢！一股濃濃的甜香湧上來，令人垂涎欲滴。

吃到嘴裡，那種綿軟的甘甜，就像在暗黑的斗室裡，忽然推開窗子，陽光灑進來，驅散了日子裡的陰霾和苦楚。以至於多年以後，每每想起，都忍不住念起那苦日子裡難得的美好。

現在去超市，我也喜歡買這種帶斑點的香蕉，不是因爲便宜，而是它眞的好吃，從記憶裡綿延而來的甜香，一直都沒有淡去。

有斑點的香蕉最好吃，如此，我想到有瑕疵的人生。

很多人都喜歡膚白貌美、高跟紅唇、禮服長裙的優雅女神，可我更欣賞素面朝天、棉布長裙，臉上還泛著幾顆淡淡小雀斑的女孩。雖然不完美也不高貴，可從她們臉上透露出的燦爛笑容裡，我看見了眞實與幸福。

就像貝茲娃娃（Bratz），設計者故意在它們臉上製造了一些雀斑，這些瑕疵讓人們一看到就覺得耳目一新，從而一舉擊敗芭比娃娃，排名時裝玩偶第一名，受歡迎程度震驚了整個玩具業，造就了瑕疵超越完美的經典。

太多的勵志雞湯告訴我們，人生應該是一個不斷修煉、不斷升級、不斷完美化的過程，直到爬上最高的那一層階梯，然後戴上夢寐以求的王冠，手裡拿著至高無上的權杖，渾身上下透露出熠熠發亮的光芒。那一刻，你以爲人生完美無瑕了。可你卻再也不能毫無顧忌地放聲大哭大笑，不能脫下華美的長袍和王冠去田野裡奔跑，不能素面朝天穿著廉價的夾腳拖去喧鬧的小吃街享受美食。你說沒關係，因爲你什麼都有了，可是你回過身，卻發現自己身後和周圍空無一人，沒有人跟你一起分享這些美好。**你的完美讓你再也找不出一個跟你相似的人，也許，那一刻你才會最終發現瑕疵的可貴**。

生命有不完美，就像你仰望的星空，不會每個夜裡都有星星，總有浮雲遮住它們的時候，正因爲如此，你再一次見到星星的時候，會覺得它們更亮了，更美了。

生活是一門遺憾的藝術。那些不完美的生活，如同一顆被切開的寶石，總是會折射出七彩的光來。比如此刻，我剝去有斑點的香蕉皮，露出白生生的果肉，生活裡的小歡喜，總是會這樣悄悄地取悅你。

Chapter 7

幸福：對未來的真正慷慨，是把一切獻給現在

「我們可以說擁有兩段青春，

在第一段青春裡，我們相信；

在第二段青春裡，我們行動。」

——〈海邊慘劇〉《巴爾札克短篇小說選集》——

幸福01——

不要讓徒勞的事耗費光陰

義大利電影《在雲端上的情與慾》中有這樣的片段：一個男孩對一個嫻靜美麗的女孩一見鍾情，他向她表達愛意，問以後是不是可以繼續交往。女孩回過頭，眼睛清澈如水，她說：「明天我就要進修道院了。」「要是我愛上你了呢？」男孩問。「那就像在明亮的房間裡點上蠟燭。」女孩回答。

「在明亮的房間裡點上蠟燭」，多麼徒勞的一件事。你發光，卻無法照耀；你溫暖，卻沒有依偎；你慢慢耗盡自己，卻沒有人來理睬你。多了你，少了你，都無所謂，這個世界不會有絲毫改變，依舊燈火通明、熱鬧熙攘。你就像隱身的小丑，張牙舞爪，卻無法博得眾人一笑，無聊，沒勁，冒傻氣，白費心機，虛擲光熱，你再努力，這裡也沒有你的一席之地。

多少人不知疲倦地追求著眼前不重要的事，一寸寸流失著錦繡年華。待走到人生的終點附近，才感嘆這並非自己想要的人生。**生命可以平淡，但不可平庸**，你的一生，不一定會著出絢爛，但總需要一點精彩的點綴。盡量讓歲月間閃亮，努力在生命的屋簷下掛起一盞斑斕的燈。**不要讓那些徒勞的事情耗費你的光陰，不要在明亮的房間裡點上蠟燭。**

你無法選擇出身，但是你可以選擇朋友

那個秋天，因爲和一個酒鬼發生口角，我和妻子同時被推向了生命的懸崖。

那個酒鬼的刀子先後四次刺向了我的腹部，妻子爲了護著我，也被那魯莽而暴力的刀子割破了脖頸，幸運的是，離動脈僅僅相差了兩釐米的距離。酒鬼行凶後逃之夭夭，我們倒在地上，已經連呼救的力量也沒有了。最後，是鄰居救了我們，把我們及時送到了醫院。

而我的朋友，剛剛還在一起吃飯的朋友，卻不見了蹤影。甚至，他比那個酒鬼逃得還要迅速。我不指望他爲我擋刀子，難道在朋友生命危急的時候，叫一輛救護車來都不行嗎？朋友的舉動讓那個秋天變得異常寒冷。在我心裡，他比那個酒鬼更讓我耿耿於懷。

他目睹著整個過程，卻不肯對我施以援手。包括在我和妻子住院的日子裡，他也沒有露面。這樣的朋友，無疑是對友誼的當頭一棒。

我曾看到過作家蔣子龍的一則逸事：有一年，隆冬的瀋陽氣溫已零下十多度。朋友捎話告訴蔣子龍他開了間小書店，想請他去辦「簽名賣書」。他連夜趕往瀋陽，半夜下了火車，接站的人還沒從暖被窩裡鑽出來，他只得在候車室裡走著遛著直等到天亮。上午他被安排在一所大學與大學生對話，中午十點多對話還沒結束，下午一點又開始賣書，緊張得連吃飯的時間也沒安排。趕到小書店門口，早已擠滿了人，嶄新的櫃臺擠滿了人。小老闆對他說：「老師，您到外頭簽行不行？我給您搬張桌子，別擠壞了新櫃臺。」這位「蔣大俠」，憑著「俠氣」上了街。到天黑手僵人散方才結束：他跟朋友說，我蔣子龍不如個櫃臺值錢！他是該說的都說了，該罵的都罵了，一個凍得「扎實」的蔣子龍匆匆離開瀋陽，一份永恆的溫暖留給朋友，從此小書店日日興隆。

我想，能得到蔣子龍這樣的朋友，該是一生的幸事。

我喜歡這樣一種朋友，當你生病的時候，他守在你的病榻邊。明知道你吃不了水果，還殷勤地拿起一個蘋果仔仔細細地削皮，削好後不慌不忙地自己啃起來，嘴裡還說著說：你快好吧，你要是不好，那水果可都讓我一個人消滅了。然後你就發現這個蘋果眞的能讓你的病好得很快。

我喜歡這樣的朋友，當你過生日的時候，因爲他家境貧寒，買不起禮物送你，就在那個清晨早早起床爲你倒了一杯涼開水，他說他沒有禮物，但是希望是第一個送你祝福的人。他說他的祝福就像那杯水，純淨透明。你發現，那杯水，是你一生中收到的最特殊的生日禮物。經過歲月的驗證，你們的友誼是最持久最牢固的，正因爲它沒有半點雜質。

我喜歡這樣的朋友，他似乎不在你的身邊，你們幾年都不聚一次，吃飯宴請都不在一起，你不記得他的生日，他不在意你的工作變化。可是，你若是有煩惱，首先想到的那個人就是他，當你打了電話去，他就馬上來聽你講，你若是有困難，他就會放下自己的事情，全力爲你分擔……

你無法選擇你的出身，但是你可以選擇你的朋友。朋友，就是我們自己選擇的親人。

幸福03——對未來的真正慷慨，是把一切獻給現在

今天，我是嶄新的，我從不認爲我已陳舊、過時，每一天，我都是新的。新人，我取最早的露水，洗自己的臉，而後去鏡子中與自己相認。透過一面鏡子，我會看到一模一樣的自己，只是鏡子裡的那個自己是冰冷的。

透過別人的眼睛，會看到不一樣的自己，甚至，一張臉上的兩隻眼睛裡，都會是不同的。我的內心，有柔軟的閃電，也有憤怒的驚雷，這些別人都感受不來，只有自己能看到。我長了皺紋，我生了白髮，但我依然寵愛自己。我是今天的主人，我主宰今天，駕馭今天，今天的分針和秒針轉動起來，必然帶著芬芳。

看過一部令我陷入思考的美國電影《異星入境》，它的劇情是：十二個外星「飛船」從天而降，散落在地球十二個不同的地區，這十二個地方沒有任何人類已知的關聯。各國

成立了類似聯盟的組織來破解這次外來生物到訪的目的。

語言學家露薏絲及物理學家伊恩受命負責與美國上空的外來生物進行溝通。外來生物的時間是非線性的，這在一定程度上也體現在他們的圖形文字上。

透過與外來生物的溝通，露薏絲逐漸理解了外來生物的語言，並獲得了預知未來的能力。透過這項能力，露薏絲成功地說服了影片中的中國將軍，使已經破碎的對外聯盟再次聯合在一起，最終避免了一場地球與外星生物的戰爭。

最後，外星生物離開，露薏絲跟隨著未來的腳步與伊恩在一起，他們未來一定會有一個叫漢娜的可愛的女兒。

與其說它是科幻片，不如說是人性片，影片最感動我的地方是：經過與外星生物的接觸，露薏絲獲得了預知未來的能力，影片開始，露薏絲和女兒漢娜的生活片段彷彿是回憶，影片後半段才讓人發現這是未來。在未來，露薏絲和伊恩相愛，有了女兒漢娜。但是女兒最後在青年時患癌去世，伊恩也離開了露薏絲。即便知道結局，露薏絲還是選擇了開始，她向伊恩說：「儘管知道整個旅程，知道它通向哪裡，我依然傾心接受，擁抱它的每一個時刻。」

未來或許不是最好的安排，但她還是勇敢地選擇了接受。

在她與外星生物對話的時候，我覺得，那不過是一個人與自己內心的對話。她是這樣總結自己的：會很多種語言，懂得許多交流方式，但最終還是孤身一人。

對於露薏絲來說，未來無時無刻不降臨在眼前，就像我們每個人都知道生命的最後必將經歷死亡，但還是會認認眞眞地過好每一天。

愛自己，像愛一本心儀的書那樣，輕輕地翻閱，認眞地思索。**自己可以把自己逼到天涯，自己也可以把自己捧上藍天**。顧城說，世上只有一本書就是你，別的書，都是它的注釋。

那麼，好好地閱讀自己吧。別錯過任何一個段落，甚至一個詞、一個字、一個標點。

別錯過任何一縷頭髮，一根睫毛。

無關過去與未來，今天就是最美的降臨。今天，你是獨一無二的你，任何人都無法替代。每個人都有權選擇自己的生活方式，我們要養成一種平和自由的心態，能夠對自己不了解的東西報以寬容，能夠對自己不贊同的觀點報以理解，能夠對自己不喜歡的事情報以尊重。你可以不具備製造光亮的能力，但請務必保有一顆接納光亮的心——從現在開始，抱住今天。

等待 NOTE

今天，你是獨一無二的你，任何人都無法替代。
每個人都有權選擇自己的生活方式，
我們要養成一種平和自由的心態，
能夠對自己不了解的東西報以寬容，
能夠對自己不贊同的觀點報以理解，
能夠對自己不喜歡的事情報以尊重。

幸福04

你選擇相信什麼，就會過什麼樣的生活

父親和我講過他在工廠上班時候的一件事。

那個時候，還沒有公車，工人們上下班都會騎腳踏車，也有少數比較有錢的騎摩托車。工廠的入口處有個大坑洞，警衛老張是個熱心的人，總是在上下班的時候守著那個坑，嘴裡念念有詞：小心點坑洞啊……最開始人們還感激他，可是時間久了，大家也都知道了那個坑洞的所在，他卻依然每天都會守在那裡，提醒大家。這不免就讓大家覺得煩了，不就一個坑洞嗎？你就別操心了，我們知道繞著走。他卻不聽勸告，還是日復一日地重複那一個動作。人們開始紛紛猜測，老張是不是有點「神經」了。

過了幾個月，老張就退休了。有一天，父親騎車上班，沒有老張守著那個坑洞，不留神，車竟然掉進那個坑洞裡，摔了跟頭，門牙都摔掉了一顆，這才念起老張的好來。

老張退休了，可是永遠沒有退休的，是善的信念。

看《阿甘正傳》，心生感動，阿甘的一生都很隨興，但他一直聽從珍妮告訴他的話：跑！

於是，他奔跑，無論碰到什麼，他都不停地奔跑。當他有一雙不健全的腿的時候，他沒有想過自己會這麼擅長奔跑。他跑到橄欖球場上，他跑到越南戰場上，他跑到白宮，他跑到密西西比河，他跑遍全國，最終又跑回了阿拉巴馬——他美麗的故鄉。也是因爲「媽媽說過，**要往前走，就得先忘掉過去**。我想，這就是跑的用意」。

於是，他跑過人生：他的人生，他母親的人生，他深愛女人的人生，他身邊人的人生。他執著的奔跑帶來的種種絢爛繁華，最終卻只停留在阿拉巴馬的一片綠草地上。

他選擇平淡和平凡，他無法選擇的是他是一個智障人士；

他選擇等待和保護，他無法選擇的是他愛的人選擇什麼樣的道路；

他選擇執著和堅強，他無法選擇的是命運的不可預知。

他本不應該是個生命的強者，他也一直面對愛情的愚弄，但他奔跑著遺忘過去，寬容地放棄仇恨。他只選擇愛。阿甘選擇爲愛而愛，而不管珍妮如何離去和背叛，如何放縱和乖僻。因爲他永遠記得昏暗車廂中那個燦爛的微笑，冷漠人群中那顆天使般的心靈，日落樹枝上那兩個相伴的身影。阿甘是帶著愛的信念奔跑的人。

兒時走過一段回家的夜路，和父親一起。路太長，我實在走不動了，要賴坐在路邊不走了。父親鼓勵我再咬咬牙堅持一會兒，讓我堅信自己肯定可以走回家。

父親捉了幾隻螢火蟲給我，對我說：「你看，黑夜也不那麼可怕，畢竟還有這麼可愛的東西呢！」我高興極了，第一次看見這麼可愛的東西，像童話一樣，充滿夢幻的味道。

有它在前面引路，那一夜走得不再那麼累了，直到後半夜，順利走到了家。

從那以後，我知道了怎樣才能讓自己的路上永遠充滿光亮！

人這一生，不是每個人都會成爲名人，你無須發出多麼耀眼的光芒。你發出的光，可以照亮你前面的路，就夠了。

self help
S
03

急不來時，你可以按一下暫停鍵

作者｜朱成玉
選書編輯｜黃文慧
特約編輯｜蔡欣育
裝幀設計｜劉孟宗
出版｜境好出版事業有限公司
總編輯｜黃文慧
主編｜賴秉薇、蕭歆儀、周書宇
行銷經理｜吳孟蓉
會計行政｜簡佩鈺
地址｜10491 台北市中山區松江路 131-6 號 3 樓
網址｜https://www.facebook.com/JinghaoBOOK_
電話｜(02)2516-6892
傳真｜(02)2516-6891
電子信箱｜JinhaoBOOK@gmail.com

發行｜采實文化事業股份有限公司
地址｜10457 台北市中山區南京東路二段 95 號 9 樓
電話｜(02)2511-9798
傳真｜(02)2571-3298

法律顧問｜第一國際法律事務所 余淑杏律師

ISBN｜978-986-06903-8-5
定價｜350
初版一刷｜2021 年 11 月

本作品中文繁體版通過成都天鳶文化傳播有限公司代理，經瀋陽遠流書刊發行有限公司授予境好出版事業有限司獨家出版發行，非經書面同意，不得以任何形式，任意重制轉載。

Printed in Taiwan
版權所有，未經同意不得重製、轉載、翻印
特別聲明：有關本書中的言論內容，不代表本公司立場及意見，由作者自行承擔文責。

國家圖書館出版品預行編目 (CIP) 資料

急不來時，可以按一下暫停鍵 / 朱成玉著．初版．臺北市：境好出版事業有限公司出版：采實文化事業股份有限公司發行 , 2021.11
224 面；14.8×21 公分
ISBN 978-986-06903-8-5(平裝)
1. 自我實現 2. 生活指導

177.2 110013002

II